AF368820

LAS MEJORES CITAS II

DELFÍN CARBONELL

www.lasmejorescitas.guiaburros.es

Si después de leer este libro, lo ha considerado como útil e interesante, le agradeceríamos que hiciera sobre él una **reseña honesta en Amazon** y nos enviara un e-mail a **opiniones@guiaburros.es** para poder, desde la editorial, enviarle **como regalo otro libro de nuestra colección.**

Agradecimientos

Las obras de los autores citados me han permitido entresacar esquejes para componer este librito. Sus palabras, sus ideas, convertidas aquí en máximas o aforismos, aparecen fuera de contexto y pertenecen en cada caso a un corpus unitario que puede ser un ensayo, novela, tratado, entrevista o artículo, y animo al lector a descubrir más sobre estos pensadores cuyas aportaciones son vitales para entender la cultura y el pensamiento españoles de nuestra generación.

Todo el librito sería un plagio si no hubiese entrecomillado las palabras prestadas y mencionado a los escritores, y los títulos y las fechas de las obras manejadas. Ellos son los autores reales.

Muchas gracias a los escritores aquí incluidos. A todos los he leído con atención, y me han regalado horas de solaz y gozo, así como sabios consejos en momentos de menoscabo.

Sobre el autor

 **Delfín Carbonell** se formó en la Duquesne University, de Pittsburgh, Pensilvania. Obtuvo un *Master of Arts* de la University of Pittsburgh. Es Licenciado y Doctor por la Universidad Complutense de Madrid.

Ha colaborado en: *Espiral, Cuadernos Hispanoamericanos, Duquesne Hispanic Review, Revista de la Universidad de Yucatán, Actas do Primer Coloquio Galego de Fraseoloxia, Revista Galega de Ensino, Huffington Post, VOXII, Fox News,* etc.

Entre sus publicaciones más relevantes destacan: *Escribir y comunicar en inglés,* (Anaya/Oberón, 2017); *Phonética inglesa* (Anaya 2015); *Escribir bien* (Anaya, 2014); *Gramática inglesa* (Anaya, 2013); *La lengua de Cervantes* (Serbal 2011); *El laberinto del idioma ingles* (Serbal 2009); *Diccionario panhispánico de citas* (Serbal, 2008); *Diccionario soez de uso del español cotidiano* (Serbal, 2007); *Diccionario de clichés* (Serbal, 2006); *Diccionario de modismos, inglés y castellano* (Serbal, 2004); *Breve diccionario coloquial inglés y castellano* (Serbal, 2004); *Diccionario panhispánico de refranes, de autoridades...* (Herder, 2002); *Gran diccionario de argot* (Larousse, 2000); *Diccionario inglés y castellano de argot y lenguaje informal* (Serbal, 1997); *Diccionario de refranes* (Serbal, 1996); *Diccionario fraseológico* (Serbal, 1995); *Diccionario malsonante* (Istmo, 1992).

Índice

El lujo de las meditaciones en español

Meditar es sumergirse en la realidad y darse un baño de ser, nos ha dicho Pablo D´Ors. Y el Dr. Marañón escribió: "Cuando se medita, y yo gusto de la meditación, pocas cosas pueden sorprendernos en la vida."

Para darle vuelta a las cosas, meditar sobre ellas, sobre la alegría, la muerte, la vejez, el futuro, la amistad, necesitamos un toque de atención, de lecturas, afrontar las ideas de grandes pensadores.

Meditar nos hace fuertes. Meditar es preocuparse de las cosas. Meditar en silencio nos abre nuevas experiencias y pone los retos de la vida cotidiana en su justo lugar, sin ilusiones vanas. "Meditar en silencio desenmascarará las falsas ilusiones" nos dice Pablo D'Ors.

Y además podemos citar a nuestros autores cuando deseamos un apoyo a nuestras ideas al hablar o escribir. Como otro valor añadido, podremos descubrir a escritores que no están en nuestro acervo cultural.

Los meditadores españoles del siglo XX, y de lo que llevamos del XXI, han publicado obras de gran importancia para el pensamiento universal y han hecho aportaciones intelectuales que nos deberían enorgullecer y que nos ayudarán en nuestro cotidiano quehacer. Los pensadores no se ponen al teclado para escribir ideas brillantes o frases que se puedan citar, o que ayuden a otros a superar los baches del camino de la vida, sino que persiguen unas ideas y las desarrollan en ensayos, novelas, poemas, artículos. Unamuno, Ortega, Benavente, Juan Ramón Jiménez, los María, Marañón, Luis María Anson, Baroja, Azorín, Ramón y Cajal… nos regalan frases para meditar.

La labor del ratón de biblioteca como yo es entresacar lo que considera importante y ofrecer retazos de sus lecturas para que sirván de acicate para ampliar el mundo intelectual del lector, para abrirle horizontes, para estimular su curiosidad y su pensamiento, e inspirar nuevos puntos de vista con que otear la vida y nuestro comportamiento ante ella. Las citas son a la obra lo que los esquejes a un árbol.

Aquí he escogido frases que nos animen a meditar sobre nuestro devenir cotidiano y nos empujen a seguir, y nos den ánimos para que no tiremos la toalla en momentos de menoscabo.

Es todo un lujo poder citar y meditar en lengua castellana.

Tras cada frase o meditación, se nombra al autor y se especifica la referencia de dónde se ha entresacado, así como la fecha de la publicación que se ha manejado, con el rigor que se necesita en estos menesteres.

Este libro es una avanzadilla, un pequeño resumen, del corpus de otro más amplio, más completo, más comprehensivo en los temas y en los autores, que abarca a escritores hispanoamericanos. Y es que este trabajo no tiene fin posible. Es labor, repito, de ratoncillo de biblioteca que exige constancia, rigor, paciencia y disciplina, las herramientas principales de los compiladores.

Delfín Carbonell, Ph.D.

- **Abrazos**. "Un abrazo a tiempo o un beso pueden suplir la ausencia de una pastilla que has olvidado tomar." Julio Anguita, *Corazón rojo*, 2005. [Lo escribió después de una operación a corazón abierto.]
  - "También en el dolor y durante el duelo, el mimo y el abrazo del ser amado hacen soportable la pérdida porque apuntalan el alma herida." Álex Rovira, "El lenguaje de las caricias", El País, 13 abril, 2007.

- **Aburrido**. "El secreto para ser aburrido es decirlo todo." Fernando Savater, *El jardín de las dudas*, 1993.

- **Aburrir(se)**. "¿De qué sirve un escritor intelectual y supermaravilloso y supernosequé, si luego aburre a las ovejas y lo leen cuatro gatos?" Alberto Vázquez-Figueroa en Juan Ramón Iborra, *Confesionario*, 2001.
  - "Los amigos cada vez me aburren más y las amigas, que son las que verdaderamente me gustan, cada vez se aburren más conmigo, sobre todo en la cama, porque ya se me ha olvidado lo que tengo que hacer." Fernando Díaz Plaja, *El viaje de mi vida*, 1999. [Atribuye estas palabras a Miguel Mihura.]
  - "Aburrirse es besar a la muerte." Ramón Gómez de la Serna, *Greguerías*, 1979.
  - "...nosotros, cuando nos aburrimos y vivimos aterrados, sentimos que para nosotros empieza la verdad de la vida, porque conocemos al menos el reflejo de lo que algún día, lejos del tedio, debió ser el paraíso de la aventura, el nomadismo y la diversión." Enrique Vila-Matas, *El traje de los domingos,* 1995.

- **Acción**. "Sólo la acción tenaz en pro de la verdad justifica el vivir y consuela del dolor y de la injusticia." Santiago Ramón y Cajal, *Recuerdos de mi vida*, 2006.
  - "El intelectual no siente la necesidad de la acción." José Ortega y Gasset, *Mirabeau o el político*, 1927.
  - "La acción es enemiga de la reflexión." Almudena Grandes, *El corazón helado,* 2007.

- **Acostumbrarse.** "Es preciso combatir la mortal confabulación de la rutina y la pereza. Y mantener, como una rebelde y creadora forma de vida, la clara decisión de no acostumbrarse." José Antonio Marina, *Memorias de un investigador privado*, 2003.
  - "Con el tiempo uno se acostumbra." Salvador Pániker, *Segunda memoria,* 1988.

- **Actuar.** "Los hombres del norte actúan; nosotros, charlamos." Santiago Ramón y Cajal, *Charlas de café,* 1921.
  - "El objetivo de la educación no es saber por saber, es saber para actuar. "José Antonio Marina, Qué, 16/02/2018.

- **Adiós.** "Adiós significa *hasta la vista* pero *hasta la vista en Dios.* Es una despedida de dos moribundos, como lo somos todos los mortales…" Salvador de Madariaga, *Cosas y gentes, II,* 1979.
  - "Llega el tiempo en que uno tiene que decir adiós a lo que ha sido. A todo. Antes de quedar mudo." Gabriel Albiac, *Diccionario de adioses*, 2005

- **Adulación.** "Vivir resistiéndose, día a día, a las ventajas de la adulación y la mendacidad, es sentar plaza vitalicia de héroe." Juan Gil-Albert, *Los días están contados*, 1974.

- **Adversidad.** "La adversidad es una consejera excelente." Felipe Trigo, *El domador de demonios,* 1917.
    - "La adversidad es, para el guerrero, y también para el escritor, un beneficio." Fernando Sánchez Dragó, *Muertes paralelas*, 2006.
    - "La adversidad sigue a la ventura como la sombra al cuerpo. Ambas parecen, en efecto, fases alternativas de la irremediable ondulación del humano destino." Santiago Ramón y Cajal, *Recuerdos de mi vida*, 2006. [Publicado en 1901.]

- **Agresividad.** "Los que se enzarzan en una competencia de agresividad pierden su razón y, lo que es más evidente, su fuerza. El que está seguro de algo no tiene que levantar la voz ni exaltarse." Julián Marías, *La fuerza de la razón*, 2005.

- **Alabanzas.** "Sólo los niños de colegio necesitan la alabanza para seguir trabajando." Rafael Sánchez Ferlosio en Blanca Berasátegui, *Gente de palabra*, 1987

- **Alguien.** "Siempre aparece alguien que no te esperas para nada." Enrique Vila-Matas, *Dublinesca*, 2010. [Y ese alguien puede alterar el curso de tu vida.]

- **Amabilidad.** "Yo siempre he tenido el sentido de notar la simpatía o la hostilidad en las personas, aun en aquellas que parecían más indiferentes o más amables. En eso no me he engañado nunca; la sonrisa, el tono de voz, la actitud, me han dado el carácter de la persona." Pío Baroja, *Desde la última vuelta del camino, I*, 2006.
    - "...el mejor rasgo de la amabilidad es el respeto a la libertad de los demás." Rafael Gómez Pérez, *El ABC de las buenas costumbres*, 1994.

- **Amar.** "Nunca he conocido a nadie realmente inteligente que amase a los demás o confiase en ellos." Manuel Vázquez Montalbán, *Los mares del sur,* 1979.
  - "En ocasiones nos parece que si nos faltara aquello que más amamos, no querríamos vivir más." Concha Alós, *Las hogueras,* 1964.
  - "Quien ama no se ama." Eduardo Zamacois, *Un hombre que se va,* (Renacimiento), 2011.
- **Amigos.** "Cuando almorcéis absolutamente solos es cuando podéis decir con razón que habéis almorzado con un amigo." Enrique Jardiel Poncela, *Espérame en Siberia, vida mía,* 1929.
  - "Para mí la amistad es una cosa muy seria. Y amigos de fondo, amigos con el porcentaje de lealtad y abnegación que la palabra debe de llevar dentro, puedo tener tres en la vida, no más." Antonio Buero Vallejo en Juan Ramón Iborra, *Confesionario,* 2001.
  - "Yo salgo poco de casa porque los amigos cada vez me aburren más y las amigas, que son las que verdaderamente me gustan, cada vez se aburren más conmigo, sobre todo en la cama, porque ya se me ha olvidado lo que tengo que hacer." Fernando Díaz Plaja, *El viaje de mi vida,* 1999. [Atribuye estas palabras a Miguel Mihura.]
- **Amor.** "Es el amor…lo más trágico que en el mundo y en la vida hay; es el amor hijo del engaño y padre del desengaño; es el amor el consuelo en el desconsuelo, es la única medicina contra la muerte, siendo como es de ella hermana." Miguel de Unamuno, *Del sentimiento trágico de la vida,* 1913.

- "Para saber de amor, para aprenderle, / haber estado solo es necesario." Jaime Gil de Biedma, *Jugar y Leer*, " Pandémica y celeste", 2010.

- "El amor es el espíritu que mueve el mundo." Vicente Ferrer, *El poder de la acción*, 2012.

- "El amor es un eterno insatisfecho. Vive del detalle y procede microscópicamente. Es monótono, insistente, pesadísimo." José Ortega y Gasset, *Estudios sobre el amor*, 1939. "El amor es como la sal de frutas… Si se deja pasar la efervescencia del primer momento después sabe a demonios." Miguel Mihura, "Pensamientos sorprendentes" Fernando Valls, Revista Clarín, 5 nov., 2006.

- "El amor es como el embutido: hay lomo embuchado y hay mortadela. Todo tiene su lugar y función." Carlos Ruiz Zafón, *La sombra del viento*, 2001.

- "Hay que ser más fuerte que el amor para jugar con el amor." Ramón J. Sender, *En la vida de Ignacio Morel*, 1969.

- "El viaje hacia el amor también es conocimiento." Clara Janés, Entrevista, El País, 6 nov., 2015.

- **Andar.** "El viajero tiene su filosofía de andar, piensa que siempre, todo lo que surge, es lo mejor que puede acontecer." Camilo José Cela, *Viaje a la Alcarria*, 1948.

- **Angustia.** "Uno tiene la angustia, la desesperación de no saber qué hacer con la vida, de no tener un plan, de encontrarse perdido, sin brújula, sin luz donde dirigirse…" Pío Baroja, *El árbol de la ciencia,* 1911.

- "En el pasado hay frustración y en el futuro, angustia; la alegría es presente." Álex Rovira, El Faro de Vigo, 31/10/2017.

- **Ansiedad.** "La ansiedad es la maldición de la juventud." Andrés Ibáñez, "Orillas del tiempo", ABCD las Artes y las Letras, 5/1/2008.

- **Aparentar.** "Somos, o mejor, aparentamos, lo que los demás creen que debemos ser." César González-Ruano en Salvador Jiménez, *Españoles de hoy*, 1966.

- **Aplazar.** "Aplazar los asuntos es una manera de matarlos despacio." Carlos Marzal, *Electrones*, 2007. [De un librito de aforismos.]

- **Apresurarse.** "...no hay ninguna cosa en el mundo que valga la pena apresurarse para llegar a ella." Julio Camba, *El Mundo*, 27/2/1908.

  - "La mayoría de los errores que he cometido en mi vida han sido por apresurarme." José María Carrascal, *El mundo visto a los 80 años*, 2014.

- **Aprovechar el tiempo.** "No intente aprovechar el tiempo; trate de entregarlo. La meditación no es para el crecimiento personal; no es para aprovechar el tiempo; sino para regalártelo a ti mismo o regalárselo a Dios si eres creyente." Pablo d'Ors, Religión Digital, 16 diciembre, 2016.

- **Aristocracia.** "¿Y cómo define Ud. la aristocracia? Yo contesté: Aquel que libremente toma sobre sí más deberes que los que le exigen la ley y la costumbre." Salvador de Madariaga, *Cosas y gentes, II,* 1979.

  - "Usted es un poeta, y los poetas somos aristocracia." Ramón del Valle Inclán, *Luces de bohemia*, 1920.

- **Arrepentimiento.** "La historia no puede ser interpretada en términos de arrepentimiento o perdón, sino tan sólo, y ya es bastante, con un impulso insobornable de saber de verdad qué ocurrió y averiguar por qué, entre otras cosas para deshacer esas mitologías del pasado en las que suelen basarse las ideologías y los regímenes más criminales." Antonio Muñoz Molina, *La vida por delante*, 2002.

- **Artistas.** "El azar es un gran artista." Luis Buñuel, Entrevista por Guillermo Cabrera Infante, reproducida en El Cultural, 07/03/2012.
  - "… eres un artista; y quien dijo un artista dijo absurdo, egoísmo y quimera." Eduardo Zamacois, *La cita*, 1907.
  - "… para un artista la mentira cuenta más que la verdad…" Luis María Anson, El Mundo, 29/8/2007.
  - "Más que artistas, que suena a hueco y pomposo, somos artesanos, es decir, gente que hace cosas." Enrique Vila-Matas, *Historia abreviada de la literatura portátil*, 1985.
  - "Se ha inventado el mito del artista, y probablemente ahora hay gente que supone si no será más digno de consideración un pintor o una cupletista que el descubridor de una vacuna o de la penicilina." Pío Baroja, *Desde la última vuelta del camino, II*, 2006.

- **Ascetismo.** "La humildad es la verdad en el camino de la lucha ascética." José María Escrivá de Balaguer, *Surco*, 1986.

- **Aspirar.** "Aspirar es fracasar en unas cosas, pero es la única manera de hacer otras, y sólo lo que se hace queda." Rafael Chirbes, El Cultural, 27/12/2007.

- **Ateísmo.** "El ateísmo es siempre militante." José María Gironella, *La duda inquietante*, 1988.

- **Atrocidades.** "Es curioso que en España, donde se han hecho bastantes atrocidades, una opinión sobre esto o lo otro produzca cólera." Pío Baroja, *Desde la última vuelta del camino*, II, 2006.

- **Ausentes.** "Todos nosotros vivimos la mitad de nuestra vida en sueños o ensueños o en Babia. Somos insomnes despiertos. Todos estamos ausentes de nosotros mismos." Chumy Chúmez, *Hacerse un hombre*, 1996. [Pseudónimo de José María González.]

- **Autoayuda.** "El profesor Gustavo Bueno (que es hombre tan serio que sólo se ocupa de la seriedad) afirmó no hace mucho que los libros de autoayuda son para débiles mentales." Juan Malpartida, ABCD las Artes y las Letras, 1-7/9/2007. [El profesor Bueno era contundente y cantaba las cuarenta al lucero del alba.]

- **Avaros.** "El avaro suele ser un hombre viejo. ¿Para qué querría un hombre viejo acumular riqueza? Pero es que se da cierto unísono entre la avaricia y la vejez en el mero desecamiento del viejo y del avaro." Salvador de Madariaga, *Cosas y gentes*, II, 1979.

- **Ayuda.** "Hay que ser muy valiente para pedir ayuda, ¿Sabes? Pero hay que ser todavía más valiente para aceptarla." Almudena Grandes, *Los besos en el pan*, 2015.

- **Azar.** "El azar no es más que un nombre de un proceso de causas desconocidas que no podemos seguir ni aquilatar, y que nos sorprende por sus resultados." Pío Baroja, *Desde la última vuelta del camino*, II, 2006.

- "El azar es un gran artista." Luis Buñuel, Entrevista por Guillermo Cabrera Infante, reproducida en El Cultural, 07/03/2012.

- "La organización social es un complejo esfuerzo para pautar la vida y excluir de ella el azar." Ignacio Vidal-Folch, "Golpes de suerte", El País, 2 agosto, 2015.

- "El azar existe, aunque siempre viaja de incógnito." J.J. Benítez, *La otra orilla*, 2000.

- "Yo creo en el azar, en el azar como condición de la creatividad." Salvador Pániker, *Segunda memoria*, 1988.

- "A las condiciones históricas, sociales y económicas suele la gente llamar azar." Max Aub, *Diario (1939-1972)*, 1998.

- "¿Existe el azar? No sé, quizá sí, pero no es imposible que fuerzas misteriosas incidan con frecuencia en nuestra vida." Claudio Sánchez Albornoz, *Confidencias*, 1979.

B

- **Balance vital.** "Y en todo hombre o mujer que encontramos, en todo libro que leemos sólo nos interesa conocer cuál sea el resultado de su balance vital." José Ortega y Gasset, *El espectador, I*, 1916.

  - "La vida consiste en hacer balances justos, no pasar por alto lo que se tiene, lo que falta, lo que amenaza, lo que puede sobrevenir. Ejercer la visión rigurosa y el pensamiento alerta sobre todo ello; no dejarse seducir, engañar, falsificar." Julián Marías, *La fuerza de la razón*, 2005.

- **Basura.** "Observar la basura es mirar la realidad." Gustavo Bueno, Interviú, 12/3/2001.

- **Beneficencia.** "La caridad existe rarísima vez y como escasea tanto se ha inventado un sucedáneo para los vanidosos y se llama beneficencia, y es un deporte." Juan Antonio de Zunzunegui, *La úlcera*, 1959.

- **Besar.** "Buscaba simpatía con alardes de bondad y desprendimiento, igual que sonriendo buscamos la sonrisa y besando buscamos el beso." Concha Alós, *Las hogueras*, 1964.

- **Bien.** "A veces, el bien se engendra en el gozo." María Martínez Sierra, *Una mujer por caminos de España*, 1989. [María de la O Lajárraga.]
  - "El bien y el mal están dentro de uno mismo." Antonio Roig, *Variaciones sobre un tema de Orestes*, 1978.
  - "La principal diferencia entre el bien y el mal es que el mal resulta siempre ser más fácil, más rápido, incluso más brillante." Antonio Muñoz Molina, *La vida por delante*, 2002.

- **Bodas.** "...las bodas son todas iguales porque, en definitiva, los novios son siempre los mismos, y cualquiera en ese trance se convierte en la estampa misma del estupor y del desconcierto." Rafael Borràs Betriu, *La batalla de Waterloo*, 2003.
  - "Las bodas siempre son para tenerles miedo." Jacinto Benavente, *La malquerida*, 1913.

- **Bondad.** "La bondad de no hacer mal se explicaría en un mundo donde no hubiese males; pero en este mundo para nada se necesita la bondad." Julio Camba, *España Nueva*, 19/3/1907.

  - "De lo que llaman los hombres / virtud, justicia y bondad, / una mitad es envidia, / y la otra no es caridad." Antonio Machado, "De lo que llaman los hombres", Obras completas, Losada, 1964.

  - "La bondad es un suicidio lento." Eduardo Zamacois, *Un hombre que se va*, (Renacimiento), 2011.

- **Buen gusto.** "...existen en cambio dos cosas que son sin duda las más apreciadas porque casi nadie está dispuesto a aceptar que carece de ellas (...) Una es el sentido del humor (...) la otra es lo que se llama *gusto*, o, más anticuadamente *buen gusto*." Javier Marías, *Harán de mí un criminal*, 2003.

- **Burgués.** "El burgués se caracteriza por el desarrollo de sus facultades conscientes, la inteligencia y la voluntad." Salvador de Madariaga, *De la angustia a la libertad*, 1955, 1967.

  - "La intolerancia y la ignorancia son dos de las más sólidas vigas del tinglado burgués." Camilo José Cela, *Cuatro figuras del 98 y otros retratos y ensayos españoles*, 1961.

C

- **Cambiar.** "Cambiar sólo es deseable si nos va a permitir mejorar." José Antonio Marina, *Memorias de un investigador privado*, 2003.

- "Cambiar siempre, suceder siempre, pasarse siempre, pasarse siempre de todo sin detención ni retorno posible, e ir siempre hacia lo desconocido." Dionisio Ridruejo, *Diario de una tregua*, 1972.

- "No son los acontecimientos los que nos cambian: somos nosotros mismos." Juan Gil-Albert, *Los días están contados*, 1974.

- **Cambios.** "No es que crea que las cosas no deban variar, ni mucho menos; pero el cambio produce melancolía." Pío Baroja, *Desde la última vuelta del camino, II*, 2006.

  - "Hay días en que ya no aspiras en absoluto a que cambie el mundo –a estas alturas sabes que no hay más cera que la que arde- sino sólo a que ese mundo te dé por saco lo menos posible." Arturo Pérez Reverte, *No me cogerás vivo, 2001-2005)*, 2005.

  - "... el hombre no cambia aun cuando cambien sus hábitos y las palabras de su lengua." Fernando Sánchez Dragó, *Muertes paralelas*, 2006.

- **Caminar.** "Cuando la distancia deja de ser un fin, caminar se convierte en un aprendizaje." Fabio Murrieta Rodríguez, "La huella, el signo y la ciudad", en Alejo Carpentier, *El amor a la ciudad*, 1996.

  - "El sendero nos lo hacemos con los pies según caminamos a la ventura." Miguel de Unamuno, *Niebla*, 1914.

- **Canalladas.** "Yo prefiero hacer una concesión a hacer una canallada." Miguel Mihura en Salvador Jiménez, *Españoles de hoy*, 1966.

- **Caos.** "El orden no es más cosa que el hallazgo de la clave del caos." Camilo José Cela, Prólogo a José Gutiérrez-Solana, *Obra literaria I*, 1998.
- **Cara, espejo del alma.** "La cara no es el espejo del alma y (…) a nadie debemos juzgarlo por su físico." Javier Marías, "La zona fantasma" El País Semanal, 19 nov. 2017.
- **Caras.** "El desnudo de las caras puede ser el más indecente." Corpus Barga, *Los pasos contados 2*, 1979.
- **Caridad.** "La caridad es aquí una cosa muy triste que teje mortajas para las viejas en vez de tejer vestidos para las muchachas." Julio Camba, *España Nueva*, 11/11/1907.
  - "…Vivir de la caridad es duro. Vivir de los sablazos a los antiguos amigos, más." Antonio Gala, *Los invitados al jardín*, 2002.
  - "Lo malo de la caridad: que tienes que apechugar con cualquier guarrada que te endilguen. Y no sólo no puedes desahogarte llamando marrano al *caritativo* que te hace esa charranada, sino que además debes darle las gracias." Álvaro de Laiglesia, *Yo soy fulana de tal*, 1974.
- **Caro.** "No hay nada tan caro como lo que no cuesta dinero." María Martínez Sierra, *Una mujer por caminos de España*, 1989.
  - "La mejor manera de tirar el dinero es comprar barato. Lo barato es caro." Juan Benet, *En la penumbra*, 1989.
- **Casas.** "Las casas en que ha vivido el genio deben ser visitadas. Nos dicen esas mansiones mucho de las personas." José Martínez Ruiz, Azorín, *Madrid*, 1940.

– "Una casa, como una vida, es siempre una decepción que incluye el goce." Dionisio Ridruejo, *Diario de una tregua*, 1972.

– "De la mujer es la casa, donde el hombre es un huésped." Antonio Gala, *El manuscrito carmesí*, 1990.

- **Castigos.** "El motivo del castigo ejemplar a la adúltera no era tanto en razón al amor ultrajado del marido, o al engaño, cuanto en consecuencia de los posibles hijos ilegítimos que tendría que alimentar el esposo y adiestrar su tribu." Marta Portal, *A tientas y a ciegas*, 1966.

  – "No hay promesa de premio a la que no se corresponda amenaza de castigo…" Rafael Sánchez Ferlosio, *Ensayos y artículos*, I, 1992.

- **Catástrofes.** "El camino a la catástrofe está empedrado de trivialidades fallidas." Juan Antonio Vallejo-Nágera, *Yo, el rey*, 1985.

- **Causa justa.** "No hay violencia admisible: ni aun la violencia puesta al servicio de la *causa justa*, concepto que el ser humano pueda creer pero no precisar." Camilo José Cela, *Cuatro figuras del 98 y otros retratos y ensayos españoles*, 1961.

- **Ceder.** "Pienso en no pocas ocasiones, que ceder es ganar, y cedería, si no me dominase, tal vez demasiado." María Martínez Sierra, *Una mujer por caminos de España*, 1989.

- **Celos.** "No tengas celos. Recuerda que nadie pertenece a nadie." Fernando Sánchez Dragó, *Libertad, fraternidad, desigualdad*, 2007.

  – "El español sigue siendo celoso mucho después de haberse dejado de interesar por una muchacha."

Fernando Díaz Plaja, *El español y los siete pecados capitales*, 1966.

- "Los celos son, siempre, el instrumento certero que destruye la libertad interior y elimina en la compañía toda posible felicidad." Gregorio Marañón, *Vida e historia*, 1940.

- **Centro del mundo.** "Creerse uno el centro del mundo es tan natural como creer que la Tierra ocupa el centro del universo." Antonio Muñoz Molina, *Todo lo que era sólido*, 2013.

- **Cercanía.** "Las cosas que se tienen cerca, se las desprecia más. Se las tiene a mano y no se les da importancia." Francisco Nieva en Juan Ramón Iborra, *Confesionario*, 2001.

- **Certezas.** "No estoy seguro —no lo estoy ya de nada-, pero creo que hoy cumplo sesenta y cuatro años." Antonio Gala, *El manuscrito carmesí*, 1990.

- **Chovinistas**. "Tantos años criticando el chovinismo francés y ahora resulta que los chovinistas son españoles. La prensa, por ejemplo, no para de decir que somos los mejores en tenis, en futbol, en golf. No hay día en que no leamos que el Nuevo cine español es de largo el mejor de Europa." Enrique Vila-Matas, "Otras voces", Letras Libres, Julio, 2000.

- **Ciencia española.** "… la historia de la ciencia en España, porque mal puede tener historia científica, pueblo que no ha tenido ciencia (…) aquí donde no hubo más que látigo, hierro, sangre, rezos, braseros y humo." José Echegaray, Discurso de ingreso en la Real Academia de Ciencias. 16/6/1907.

- **Circo.** "La antipatía que me causaba y me sigue causando el circo es la misma que he sentido siempre por los jardines zoológicos y las jaulas, los alambres…" Corpus Barga, *Los pasos contados 2*, 1979.

  - "He comprendido ahora mucho mejor lo que significa el circo como forma de cultura. No es sólo un entretenimiento infantil. Es una distinta manera de entender el arte y la condición humana." Luis María Anson, "El circo que llegó", El Cultural, 11-17/10/2007.

- **Civilización.** "La civilización, cuanto más avanza, se hace más compleja y difícil. Los problemas que hoy plantea son archiintrincados. Cada vez es menor el número de personas cuya mente está a la altura de esos problemas." José Ortega y Gasset, *La rebelión de las masas*, 1929.

  - "El edificio de la civilización está siempre en peligro de derrumbarse y hace falta contínua vigilancia para sostenerlo." Antonio Muñoz Molina, *Todo lo que era sólido*, 2013.

  - "Si usted quiere aprovecharse de las ventajas de la civilización, pero no se preocupa usted de sostener la civilización… se ha fastidiado usted. En un dos por tres se queda usted sin civilización." José Ortega y Gasset, *La rebelión de las masas*, 1929.

  - "Toda la civilización no es más que una lucha desesperada del hombre por no tener que trabajar." Julio Camba, *La rana viajera*, 1921.

  - "La gasolina es el incienso de la civilización." Ramón Gómez de la Serna, *Greguerías*, 1979.

– "El proceso de la civilización depende de que se trascienda el nacionalismo, porque las naciones buscan el poder." Luis Racionero, *Guía práctica para insatisfechos*, 1997.

- **Clásicos.** "… los clásicos son una invitación a la humanidad histórica, y, como capataces, nos distribuyen los puestos en la faena." José Ortega y Gasset, *Personas, obras, cosas*, 1904 – 1916.

  – "… ser clásico es ser un contemporáneo riguroso. Lo contrario es obcecado *pastiche*; bobas laborcillas de monja." César González Ruano, "Miedo a base de bien", ABC, 7/8/1957, *Obra periodística*, (1943-1965), II, 2003.

- **Coches.** "Coches. Sin ellos la Tierra estaría más cerca del paraíso." Fernando Sánchez Dragó, *Libertad, fraternidad, desigualdad*, 2007.

  – "El viajero, mientras se aleja, piensa que un coche viejo es como un perro: se le coge cariño y siempre está esperando al dueño." Julio Llamazares, *El río del olvido*, 1990.

- **Coleccionar.** "Aprender es una forma de coleccionar, como en las citas y extractos de las lecturas diarias que acumulaban en cuadernos de notas…" Enrique Vila-Matas, *Historia abreviada de la literatura portátil*, 1985.

- **Comer.** "Comer a la inglesa es ponerse a régimen." Julio Camba, *La Tribuna*, 18/5/1913.

  – "Lo que pasa es que los ingleses no tienen paladar. No tienen paladar para comer ni para ninguna otra cosa." Julio Camba, *La Tribuna*, 18/5/1913.

– "En Madrid nadie se queda sin comer, lo que sucede es que a veces la comida se retrasa." Emilio Carrere, *El dolor de llegar*, 1909. [Escribe de la bohemia del Madrid de 1909.]

– "… ilustres intelectuales de aquí afirman que comer es un acto cultural comparable a leer a Proust…" Arturo Pérez-Reverte, *Con ánimo de ofender, (1998-2001)*, 2001.

- **Cómicos.** "El sino de los cómicos es caminar, caminar hacia los cuatro vientos." Rafael Alberti, *Prosas encontradas*, 2000.

- **Compañía.** "Cuando varias personas que no tienen nada –ni siquiera esperanza- se reúnen, pueden llegar a hacerse compañía realmente." Ramón J. Sender, *En la vida de Ignacio Morel*, 1969.

- **Compartir.** "… me encontré con la mujer con la que Domingo compartía su vida en aquel momento. Si es que realmente puede compartirse la vida con una mujer. O con quien sea. Si es que se puede compartir la vida con algo que no sea la muerte." Jorge Semprún, *Federico Sánchez se despide de ustedes*, 1993.

- **Compasión.** "La compasión no cabe, ni aun como sombra de duda, en quien tiene como único objetivo el poder o la consagración social." Julio Llamazares, *En Babia*, 1991.

  – "La compasión de uno mismo no es más que una forma solapada de egoísmo." Antonio Roig, *Variaciones sobre un tema de Orestes*, 1978.

  – "La compasión viene a ser el antídoto del suicidio, por ser un sentimiento que proporciona placer y que nos suministra, en pequeñas dosis, el goce de la superioridad." Camilo José Cela, *La colmena*, 1951.

- **Comportarse.** "La única libertad que tienen los humanos es comportarse impecablemente." Luis Racionero, *Guía práctica para insatisfechos*, 1997.

- **Comprometerse.** "¿El literato debe estar comprometido? … comprometido, sí, con su conciencia y con la verdad que sus luces le den a entender." Francisco Ayala, *España, a la fecha*, 1977.
  - "El artista no puede comprometerse con nada si no es con la vida misma, que es imprevisible, aborrecible, diáfana, oscura y terrible." Antonio Roig, *Variaciones sobre un tema de Orestes*, 1978.

- **Comunicación**. "Creo profundamente en el poder de transformación de la palabra, de la comunicación que busca tender puentes para comprender al otro y para buscar, siempre, el bien y el beneficio común." Álex Rovira en alexrovira.com

- **Conciencia.** "La conciencia es una enfermedad." Miguel de Unamuno, *Del sentimiento trágico de la vida*, 1913.
  - "Ni yo sé qué es la conciencia. Depende cómo funcione el cerebro. No lo sabemos todavía." Rafael Yuste, Entrevista, Excelsior, 15/11/2017.
  - "La sensación crea la conciencia; la conciencia crea el mundo. No hay más realidad que la imagen, ni más vida que la conciencia." José Martínez Ruiz, Azorín, *La voluntad*, 1903.

- **Confesar.** "Confieso, por mi parte, aunque esta confesión carezca de todo interés, que es de nuestros autores contemporáneos (Valle Inclán) que leo con más encanto y con mayor atención." José Ortega y Gasset, La Lectura, 2/1904.

- **Confianza.** "La confianza ilimitada… en pueblos meridionales y de componentes religiosos muy fuertes, como el nuestro, conduce inevitablemente a la ociosidad." Gregorio Marañón, *El Conde-Duque de Olivares*, 1936.

  - "La confianza, el optimismo, la gratitud, la generosidad, el perdón, la curiosidad, la esperanza, la fe, el entusiasmo, la humildad, la entrega o la serenidad son, entre tantos otros, poderosos acicates para la realización individual y colectiva." Álex Rovira, "Cuando querer es poder", El País, 4 junio, 2006.

- **Confidencias.** "En España conoces a un español y a los cinco minutos te cuenta su vida con pelos y señales." Juan Goytisolo en Juan Ramón Iborra, *Confesionario*, 2001.

- **Conformista.** "Ser conformista supongo que debe querer decir algo así como conformarse con lo que hay e, incluso, aceptar que no hay quien dé más. Conformarse es perder, en parte, la forma propia para sumirse, liquidarse, en la ajena." Emilio Lledó, "Necesidad de la literatura", en *Una invitación a la lectura*, El País, 2002.

- **Conocer.** "Conocer completamente algo acarrea su miaja de decepción." Fernando Arrabal, *La dudosa luz del día*, 1994.

  - "Conocemos mejor a los demás que a nosotros mismos." Juan Gil-Albert, *Los días están contados*, 1974.

- "Saber algo de nosotros es lo más difícil de entre las perspectivas que abre el realismo interno. Conocernos a nosotros mismos puede acarrearnos sorpresas desagradables…" Enrique Vila-Matas, *El traje de los domingos,* 1995.

- **Consuelo.** "Sólo la acción tenaz en pro de la verdad justifica el vivir y consuela del dolor y de la injusticia." Santiago Ramón y Cajal, *Recuerdos de mi vida,* 2006.
  - "Hay que buscar razones para consolarse de lo inevitable." Antonio Machado, *Cartas a Pilar,* 1994

- **Contemplación.** "El fin de la vida es la contemplación; y no hay contemplación sin ocio." Salvador de Madariaga, *Cosas y gentes, II,* 1979.

- **Controlar la mente.** "El deseo de controlar la mente de otro es tan antiguo como el hombre." Eduardo Punset, *El alma está en el cerebro,* 2006.

- **Conversación.** "La conversación es un lazo sentimental." Santiago Ramón y Cajal, *El mundo visto a los ochenta años,* 1934.

- **Convivencia.** "El sentido del humor es una de las grandes creaciones de la inteligencia, capaz de resolver envenenados problemas de convivencia." José Antonio Marina, *Memorias de un investigador privado,* 2003.
  - "La convivencia de una persona ordenada con otra desordenada es imposible." José Antonio Marina, *Memorias de un investigador privado,* 2003.

- **Corazón.** "El hombre tiene dentro un corazón, pero no la regla de tres." Jesús Fernández Santos en Salvador Jiménez, *Españoles de hoy,* 1966.

- "Desde el sonido, se puede llegar a lo más hondo del abismo del corazón humano." Eugenio Trías, El Cultural, 20-26/9/2007.
- "Y no solamente la mano la que me tiembla. Es también el corazón. Porque con él estoy escribiendo." Miguel Mihura, *Mis memorias*, 1965.
- "Únicamente los médicos que los auscultan, pueden estar ciertos de que los humanos tengan corazón." Enrique Jardiel Poncela, *Máximas mínimas*, 1937.

- **Correr.** "No corras. Ve despacio, que donde tienes que ir es a ti solo." Juan Ramón Jiménez para niños, 1999.

- **Cortesía.** "Todo es amanerado en la vida social; por eso, los franceses llaman a las fórmulas de la cortesía, a los hábitos de comportarse en sociedad, las *maneras.*" Pío Baroja, *Desde la última vuelta del camino*, II, 2006.
    - "... se debe hacer de la puntualidad una exigencia ética y no una mera cuestión de cortesía." Ignacio Buqueras, ABC, 27/10/2007.
    - "España no ha sido nunca, me temo, un país educado, en el sentido de cortés, atento, urbano. En algunas épocas fue ceremonioso, que es algo distinto y a veces mero disfraz o disimulo de la mala educación predominante." Javier Marías, *Harán de mí un criminal*, 2003.

- **Cotidiano.** "... la perla que se esconde dentro de lo cotidiano, del milagro de lo banal." Pablo d'Ors, *El estupor y la maravilla*, 2007.

- **Creación artística.** "... lo que distingue al arte de lo que no es arte, es el grado de fiera intencionalidad de reforma que aporte el hombre en el momento de enfrentarse con el problema de la creación artística." Camilo José Cela, *Cuatro figuras del 98 y otros retratos y ensayos españoles*, 1961.

- **Credulidad.** "El hombre, en el fondo, es crédulo o, lo que es igual, el estrato más profundo de nuestra vida, el que sostiene y porta todos los demás, está formado por creencias." José Ortega y Gasset, "Creer y pensar" 1931, en *Ideas y creencias*, 1940.
  - "Realmente todas nuestras credulidades, nuestras deducciones y nuestras altiveces son disparates." Ramón Gómez de la Serna, *Disparates*, 1921.

- **Creer.** "No creas en nada, no creas en nadie. Verifica personalmente todo lo que se te dice." Fernando Sánchez Dragó, *Libertad, fraternidad, desigualdad*, 2007.
  - "La vida me ha llevado a dejar de creer en muchas cosas pero en cambio me ha obligado —y muy contra mi voluntad- a conservar muchas otras creencias que me hubiera convenido desalojar de mi espíritu." Juan Benet, *En la penumbra*, 1989.

- **Creyentes.** "El creyente no puede concebir que alguien honradamente o en su sano juicio no lo sea." Antonio Muñoz Molina, *Todo lo que era sólido*, 2013.
  - "Hay creyentes tan tristes, que pondrían tristes al cielo." Ramón Gómez de la Serna, *Diario póstumo*, 1972.

- **Crispación.** "Aleja de ti la crispación. Procura estar siempre sereno. Haz tu trabajo sin odio." Cristóbal Zaragoza, *Y Dios en la última playa*, 1981.

- **Cristo.** "Cristo libertó el corazón del europeo como Sócrates había libertado su cerebro." Salvador de Madariaga, *Cosas y gentes, II,* 1979.

  - "Cristo al morir puso el grito en el cielo." José Bergamín en Antonio Fernández Molina, Ed., *Antología de poesía mística española,* 2006.

  - "Hace falta volver a meter a Cristo entre los pobres y entre los humildes: precisamente entre ellos es donde más a gusto se encuentra." José María Escrivá de Balaguer, *Surco,* 1986.

- **Criticar.** "No me fío de alguien que hable mal de los demás." Fernando Sánchez Dragó, Entrevista, El Español, 17 julio, 2016.

  - "Una de la carecterísticas más acusadas de la senectud es criticar a los jóvenes." José María Carrascal, *Todavía puedo,* 2018.

- **Crueldad.** "Cuando una dama pregunta a un anciano por sus amores pasados no demuestra curiosidad, sino crueldad." Fernando Savater, *El jardín de las dudas,* 1993.

- **Cuerpo.** "El cuerpo es un animal doméstico que se adapta bien a todo." Francisco Umbral, *Diario político y sentimental,* 1999.

- **Culpar a los demás.** "Iniciarse en la meditación supone haber llegado a un punto en el que ya no te consientes apuntar a las circunstancias o culpar a los demás." Pablo d'Ors, *Biografía del silencio,* 2012.

- **Cultivarse.** "Para cultivarse, hoy todas las edades son buenas y la experiencia de los más jóvenes en según qué disciplinas, es también un tesoro a compartir con los mayores. Porque jamás se acaba de aprender."

Juan Luis Cebrian, *La red*, 1998

- **Culturas.** "Las culturas no se mezclan, son como el agua y el aceite." Fernando Sánchez Dragó, Entrevista, El Español, 17 julio, 2016.

- **Curiosidad.** "Se desperdician las inmensas reservas de curiosidad e iniciativa que almacena todo niño. Se disocian el aprendizaje y el vivir concreto." Salvador Pániker, *Primer testamento*, 1985.

D

- **Deber.** "La humanidad se divide en dos clases de criaturas: las que se exigen mucho y acumulan sobre sí mismas dificultades y deberes, y las que no se exigen nada de especial, sino que para ellas vivir es ser en cada instante lo que ya son, sin esfuerzo de perfección sobre sí mismas, incapaces de otro esfuerzo que el estrictamente impuesto por la necesidad." Jose Ortega y Gasset, *La rebelión de las masas*, 1928.

- **Decencia.** "Es más fácil divulgar la inmoralidad que la decencia." José Luis Sampedro, *El caballo desnudo*, 1970.

- **Decidir.** "Hablar es fácil, decidir no tanto." Mariano Rajoy, TVE, 20 dic., 2017.
    - "Nos lo pueden quitar todo salvo la capacidad de decidir nuestra actitud ante lo que nos ocurre." Álex Rovira, El Faro de Vigo, 31/10/2017.

- **Decisiones.** "…las dos decisiones más importantes a tomar en la vida son las de elegir profesión y compañero o compañera en la andadura." José María Carrascal, *El mundo a los 80 años*, 2014.

- "… las decisiones hay que tomarlas, no a toro pasado, sino cuando está el toro sobre el terreno…" Javier Marías, *Los villanos de la nación*, 2010.

- "La mayor parte de las decisiones que se toman tienen un responsable: el inconsciente." Eduardo Punset, *El alma está en el cerebro*, 2006.

- **Defectos.** "El defecto más grave del hombre es la ingratitud." José Ortega y Gasset, "Creer y pensar" 1931, en *Ideas y creencias*, 1940.

- **Demagogos.** "Los demagogos han sido los grandes estranguladores de civilizaciones." José Ortega y Gasset, *La rebelión de las masas*, 1929.

  - "Los demagogos, especialmente los totalitarios, usan esta técnica de persuasión: discursos interminables en los que se repite cien veces la misma cosa, de manera que se va amortiguando la posible resistencia de los oyentes, que al final quedan inermes." Julián Marías, *La fuerza de la razón*, 2005.

- **Demócratas.** "Como soy demócrata, creo que todos los marqueses somos iguales y tenemos los mismos derechos." *Lo mejor de Hermano Lobo*, (Temas de Hoy), 1999.

- **Depresión.** "Una de las marguras de la depresión es que borra la idea y los sentimientos de esperanza." Juan Antonio Vallejo-Nágera, *Ante la depresión*, 1987.

  - "La depresión consiste en no ver lo que te rodea, en desear desaparecer." Antonio Muñoz Molina, en Javier Rodríguez Marcos, El País, 13 febrero, 2018.

- **Derechos humanos.** "Los derechos humanos son tres: ver, oír y callar." Chumy Chúmez, *De su propia cosecha*, 2007.
    - "La pobreza es la violación más grande de los derechos humanos." Vicente Ferrer, *El poder de la acción*, 2012.
    - "La revolución hoy, efectivamente, se llama derechos humanos." Raúl del Pozo, "ZP: Cilindro de Ciro", El Mundo, 24/1/2008.

- **Derrochar.** "Derrochar el tiempo y el trabajo es delito que ofende gravemente a una república bien ordenada." Ramiro de Maeztu, *Autobiografía*, (Editora Nacional) 1962.

- **Desaliento.** "No te desalientes –Te he visto luchar…: tu derrota de hoy es entrenamiento para la victoria definitiva." José María Escrivá de Balaguer, *Camino*, 1965.
    - "El desaliento no está hecho para los españoles." Juan Carlos I, Discurso, 11/3/2004.

- **Descortesía.** "Con relación a la manera de tratar a la gente, yo no he sido partidario de colaborar ni aun de permitir que delante de mí se trate sin motivo y de una manera agria y descortés a una persona conocida o amiga de buenas intenciones." Pío Baroja, *Desde la última vuelta del camino, II*, 2006.

- **Deseos.** "Dos pasiones máximas atraviesan la vida del hombre: el deseo de poder y el miedo." Aurelio Arteta, Entrevista, El Español, 27 marzo, 2016.
    - "Los deseos humanos, por muy anclados que estén en nuestra fisiología son espirituales y son una exclusiva humana." José Antonio Marina en Bernabé

Serabia (reseña), *Las arquitecturas del deseo*, 2007, El Cultural, 6-12/12/2007.

– "Deseo humano nunca queda saciado." José Antonio Marina en Bernabé Serabia (reseña), *Las arquitecturas del deseo*, 2007, El Cultural, 6-12/12/2007.

• **Desesperanza.** "Más vale noble desesperanza que infamante realidad." Camilo José Cela, *Cuatro figuras del 98 y otros retratos y ensayos españoles*, 1961.

– "La desesperanza puede llegar a una situación de desesperación, que es la clave oculta de tantas actitudes que no comprendemos, que no acaban de explicarse, que no se justifican sino por el vacío que deja en la vida humana la ausencia de esperanza." Julián Marías, *La fuerza de la razón*, 2005.

• **Deshacerse de cosas.** "Comprendí lo fácil que es deshacerse de las cosas, que lo importante es lo que a una no le pueden robar." Ángela Vallvey, *Muerte entre poetas*, 2008.

• **Desnudo.** "El desnudo de las caras puede ser el más indecente." Corpus Barga, *Los pasos contados 2*, 1979.

• **Despecho.** "El despecho es tan cruel como el amor." Terenci Moix, *No digas que fue un sueño*, 1986.

• **Despertar.** "Dormir es morir temporalmente; todo despertar es una resurrección." Alejandro Sawa, *Iluminaciones en la sombra*, 1910.

• **Despistes.** "Nadie está a salvo del error ni del despiste más disparatado: precisamente por eso, porque el que escribe a veces no sabe alejarse de su trabajo lo bastante como para advertir algunas equivocaciones…" Antonio Muñoz Molina, *La vida por delante*, 2002.

- **Déspotas.** "El déspota busca siempre el medio de destruir las instituciones, para lo cual le basta con someterlas a su voluntad..." Salvador de Madariaga, *De la angustia a la libertad*, 1955, 1967.

- **Desprecio.** "Despreciar lo que se ignora es uno de los vicios capitales de la intelectualidad española." Luis María Anson, "El circo que llegó", El Cultural, 11-17/10/2007.

  - "Si el desprecio se intercala en la pauta de interacción que tiene cualquier pareja, se considera una señal profundamente inquietante para el futuro de la relación." Eduardo Punset, *El alma está en el cerebro*, 2006.

- **Deudas.** "Siempre desprecié a quien olvida sus deudas; por eso procuro recordar y saldar, si puedo, las mías." Arturo Pérez Reverte, *No me cogerás vivo, (2001-2005)*, 2005.

  - "Cuando las deudas no se pagan porque no se puede, lo mejor es no hablar de ellas y barajar." Camilo José Cela, *Viaje a la Alcarria*, 1948. [Creo que no se refería a deudas monetarias.]

  - "El que no deja deudas deja deudos." Ramón Gómez de la Serna, *Greguerías*, 1979.

- **Diario.** "Llevar un diario constituye para mi una actividad esencial." Eduardo Punset, *El alma está en el cerebro*, 2006. [Atribuye estas palabras al Dr. Oliver Sacks.]

  - "Un diario podría ser un medio de expresión que sirva para romper la soledad, la desesperanza..." Andrés Sorel, *Liberación*, 1985.

- **Dicha.** "La dicha me muestra, más que la desgracia, el vacío de la vida." Miguel de Unamuno, *Unamuno-Maragall, Epistolario…* 1971.

- **Difícil.** "Pero las vidas difíciles fabrican adultos difíciles, y la facilidad es líquida, ambarina, confortable, barata, útil. Imprescindible a veces…" Almudena Grandes, *Los aires difíciles*, 2002.

- **Dignidad.** "La dignidad, como las procesiones es algo que va por dentro y que sólo cada uno de nosotros sabemos con certeza si tenemos." Julio Llamazares, *En Babia*, 1991.

  - "La dignidad no se quiere: se impone. Los pueblos la aceptan a latigazos. Quienes se hallan acostumbrados a estar de rodillas se les hace muy difícil ponerse en pie." Ramón del Valle-Inclán, entrevista de Francisco Lucientes, El Sol, 20/11/1931.

- **Dios.** "El creerse protegido de Dios corroe y destruye la tensión para el esfuerzo." Gregorio Marañón, *El Conde-Duque de Olivares*, 1936.

  - "Como Dios es muy cumplidor, aunque no habla, sí escucha, siempre se compromete a que las cosas salgan bien." Vicente Ferrer, *El poder de la acción*, 2012.

  - "… no confundáis la voluntad de Dios con la vuestra." Antonio Gala, *El manuscrito carmesí*, 1990.

  - "Ayer soñé que veía / a Dios y que a Dios hablaba; / y soñé que Dios me oía… / Después soñé que soñaba." Antonio Machado, "Ayer soñé que veía", Obras completas, Losada, 1964.

- **Disfrutar.** "Disfrutar la música, el teatro, la pintura, requiere una cierta actitud de contemplación, un hábito de quietud y paciencia." Antonio Muñoz Molina, *La vida por delante*, 2002.

- **Distancia.** "No hay distancia más grande que el espacio entre dos mentes." Enrique Vila-Matas, *Dublinesca*, 2010.

  - "Sólo desde los montes se puede ver claramente el valle que queda abajo y es obvio que cualquier gesto, cualquier grito, cualquier acto, adquieren su dimensión más justa en el silencio y en la distancia." Julio Llamazares, *En Babia*, 1991.

- **Diversidad.** "En la diversidad femenina se percibe la presencia de la mujer única." A. Fernández-Molina, *La llama invisible*, 2002.

- **Dolor.** "También en el dolor y durante el duelo, el mimo y el abrazo del ser amado hacen soportable la pérdida porque apuntalan el alma herida." Álex Rovira, "El lenguaje de las caricias", El País, 13 abril, 2007.

  - "Yo no sabía lo que era el dolor físico hasta ahora. No tiene consuelo. Te acorrala. Lo único que quieres en esos momentos es no sufrir. Llega un instante en que incluso prefieres la muerte." César González-Ruano en Salvador Jiménez, *Españoles de hoy*, 1966.

  - "El dolor nos da la medida de la vida. Si sufrimos, vivimos." Marta Portal, *A tientas y a ciegas*, 1966.

- **Dominio de sí.** "Es necesario pasar por la quietud para adiestrarse en el dominio de sí, sin el que no puede hablarse de verdadera libertad." Pablo d'Ors, *Biografía del silencio*, 2012.

- **Drama.** "La vida es constitutivamente un drama, porque es siempre la lucha frenética por conseguir ser de hecho el que somos en proyecto." José Ortega y Gasset, *Artículos (1917-1933)*, 1917-33.

- **Dudas.** "En la duda no te abstengas nunca." Max Aub, *Diario (1939-1972)*, 1998. [Se refiere al *in dubiis abstine*, del latín.

  - "La duda es una enfermedad que aflige el alma humana. Si dejas las dudas, verás la luz. Profundiza, conoce y ama." Vicente Ferrer, *El poder de la acción*, 2012.

  - "No podemos vivir en una permanente inseguridad ni podemos vivir en la duda constante, de modo que el cerebro nos ayuda a confiar en el mundo y nos describe el mundo para que nos sintamos seguros." Eduardo Punset, *El alma está en el cerebro*, 2006.

- **Durar.** "Nada dura, salvo la ignorancia, y lo más nuevo se vuelve enseguida obsoleto…" Antonio Muñoz Molina, *La vida por delante*, 2002.

E

- **Educación.** "La educación es el arma de defensa de la democracia." Fernando Savater, eldiario.es, 29/06/2016.

  - "La calidad de un sistema educativo es la calidad de sus docentes." José Antonio Marina, Qué, 16/02/2018.

  - "El objetivo de la educación no es saber por saber, es saber para actuar. "José Antonio Marina, Qué, 16/02/2018.
  - "La escuela instruye y la familia educa." Salvador de Madariaga, *De la angustia a la libertad*, 1955, 1967.

- **Elegir.** "Cada hombre en cada minuto elige." Salvador de Madariaga, *De la angustia a la libertad*, 1955, 1967.

  - "Ningún pueblo, ningún hombre elige nunca plenamente; son condicionamientos y factores exteriores los que, al final, acaban muchas veces decidiendo sus destinos." Julio Llamazares, *En Babia*, 1991

- **Elogios.** "Si buscáis los máximos elogios, moríos." Enrique Jardiel Poncela, "Epitafio", 1952.

  - "Donde no hay crítica no tiene sentido el elogio." Luis Racionero, *Guía práctica para insatisfechos*, 1997.

- **Emociones.** "Desdeñamos las emociones porque las consideramos un estorbo, una especie de niebla que nos impide ver los hechos con claridad… Pero la realidad es muy distinta." Eduardo Punset, *El alma está en el cerebro*, 2006.

  - "La clave de nuestro mundo emocional está en nuestro diálogo interno, en nuestra filosofía personal." Rafael Santandreu, La voz de Galicia, 04/04/2017.

- **Emulación.** "...despertó en nosotros el afán más creativo de todos –un afán noble, olvidado hoy, como la palabra-, el de emulación." Javier Marías, *Harán de mí un criminal*, 2003. [Advierto al lector que no confunda *emular* con *plagiar*.]

- **Enamoramiento.** "El enamoramiento es un estado de enajenación y arrebato nada razonable y en el que se cometen los mayores disparates" Ignacio Vidal-Folch, "Una presencia silenciada", El País, 5 julio, 2015.

  - "El enamoramiento es un estado inferior del espíritu, una especie de imbecilidad transitoria." José Ortega y Gasset, *Estudios sobre el amor*, 1939.

- **Encuentros.** "No existen encuentros fortuitos." A. Fernández-Molina, *La llama invisible*, 2002.

  - "Todos los humanos hemos conocido a lo largo de nuestra existencia algún instante como ése, en que un encuentro inesperado nos proporciona una luz o nos señala un rumbo que luego resulta importante o acaso decisivo." José María de Areilza, *Paisajes y semblanzas*, 1988.

- **Enfermedades.** "La enfermedad es de mal gusto y en sociedad se ignora." Francisco Umbral, *Diario político y sentimental*, 1999.

  - "Las Facultades de Medicina enseñan la enfermedad y cómo curarla en vez de enseñar la salud y cómo mantenerla." Salvador de Madariaga, *Cosas y gentes, II,* 1979.

  - "Lo más probable cuando una persona tiene síntomas de enfermedad es que se halle enferma y que si no los tiene está sana." Ramón J. Sender, *En la vida de Ignacio Morel*, 1969.

  - "Vivimos vidas que no son las nuestras; respondemos a interrogantes que nadie nos ha formulado; nos quejamos de enfermedades que no padecemos; aspiramos a ideales ajenos y soñamos los sueños de otros." Pablo d'Ors, *Biografía del silencio*, 2012.

- **Engaño.** "A la postre, el engaño resulta ser un humilde parásito de la ingenuidad." José Ortega y Gasset, *La rebelión de las masas*, 1929.

  - "Todo engaño se engaña." Juan Benet, *En la penumbra*, 1989.

- **Entusiasmo.** "Mi papel principal ha consistido en fomentar el entusiasmo." Santiago Ramón y Cajal, *Recuerdos de mi vida*, 2006. [Publicado en 1901.]

  - "La confianza, el optimismo, la gratitud, la generosidad, el perdón, la curiosidad, la esperanza, la fe, el entusiasmo, la humildad, la entrega o la serenidad son, entre tantos otros, poderosos acicates para la realización individual y colectiva." Álex Rovira, "Cuando querer es poder", El País, 4 junio, 2006.

- **Envidia.** "Cada vez quedan menos personas capaces de admirar y la envidia se apresura a ocupar el puesto vacante." Jacobo Muñoz, "La virtud de la mirada", El Cultural, 12/06/2002.

  - "La envidia es mil veces más terrible que el hambre, porque es hambre espiritual." Miguel de Unamuno, *Del sentimiento trágico de la vida*, 1913.

  - "La envidia es el vicio específico del carácter de los españoles." Enrique Magdalena Manrique, *¿Qué nos falta para ser felices?*, 2002. II, 2003.

- **Equivocarse.** "Equivocarse forma parte de la experiencia, no es un fracaso." Arantza de Areilza, en Antonio Astorga, ABC.es, 13/09/2011.

- "… nos hemos equivocado tantas veces en la vida y la vida nos ha demostrado, en lecciones melancólicas, que eso no importa y que quizá lo más bello que tuvimos fueron nuestros errores…" César González Ruano, "Puede que sí, puede que no", Pueblo, 20/10/1952, *Obra periodística*, (1943-1965), II, 2003.

- **Escandalizarse.** "A mí no me escandaliza ya nada." Salvador Pániker, *Segunda memoria*, 1988.

- **Escepticismo.** "Si el corrosivo de la duda llaga tu mente sólo podrás curarla aplicando el útil ungüento del escepticismo." Cristóbal Zaragoza, *Y Dios en la última playa*, 1981.

  - "El escepticismo es provisional aunque dure toda la vida." José Bergamín en Antonio Fernández Molina, Ed., *Antología de poesía mística española*, 2006.

- **Esclavos.** "En medio de nuestras incongruencias aparentes, todos somos perenne y fatalmente esclavos de nosotros mismos." Eduardo Zamacois, *La cita*, 1907.

- **Escuela.** "La escuela instruye y la familia educa." Salvador de Madariaga, *De la angustia a la libertad*, 1955, 1967.

- **Espejismos.** "La gloria, la fama, la unanimidad es un espejismo. Siempre aparece más brillante en otro." Francisco Umbral, *Diario político y sentimental*, 1999.

- **Esperanza.** "...pertenecía a esa raza de románticos en los cuales la esperanza no se agota nunca." Julio Camba, *El Mundo*, 20/12/1907.

  - "El tiempo me ha enseñado a no perder las esperanzas, pero a no confiar demasiado en ellas, son crueles y vanidosas, sin conciencia." Carlos Ruiz Zafón, *La sombra del viento*, 2001.

- – "La mitad de la felicidad depende de la ilusión, y la otra mitad de la esperanza." Santiago Ramón y Cajal, *Charlas de café*, 1921.

- – "La condición humana es eternamente permeable a los símbolos que despiertan esperanzas." José María de Areilza, *Paisajes y semblanzas*, 1988.

- – "La confianza, el optimismo, la gratitud, la generosidad, el perdón, la curiosidad, la esperanza, la fe, el entusiasmo, la humildad, la entrega o la serenidad son, entre tantos otros, poderosos acicates para la realización individual y colectiva." Álex Rovira, "Cuando querer es poder", El País, 4 junio, 2006.

- **Estancamiento.** "Hay que luchar; esa es lavida. Vale más la inquietud, el ajetreo contínuo, la alternativa de placeres y dolores que no el estancamiento." Pío Baroja, *Aurora roja*, 2011

- **Estupidez.** "Los hombres, desde siempre, hemos cometido estupideces tratando de divertir a la gente." Enrique Vila-Matas, *El traje de los domingos*, 1995.

- – "Las habas de la estupidez y la mala fe se cuecen en todas partes." Arturo Pérez-Reverte, XL Semanal, 8 oct., 2017.

- **Eterno.** "Nada es eterno. ¿Por qué van a serlo las naciones o las lenguas? Hasta cabe argumentar que el no ser eternas prueba que son o han sido, vivas. Y que, en calidad de tales, deben ser respetadas y cuidadas." José Ferrater Mora, *Mariposas y supercuerdas*, 1994.

- "… no todo es farsa en la farsa, que hay algo divino en nuestra vida que es verdad y es eterno y no puede acabar cuando la farsa acaba." Jacinto Benavente, *Los intereses creados*, 1907.

- **Evolución.** "Llamamos evolución al conjunto de cambios que se producen como consecuencia de la selección natural; y la selección natural no es sino la selección de aquellos genes que proporcionan un comportamiento más adecuado al entorno en el que se vive." Eduardo Punset, *El alma está en el cerebro*, 2006.

- **Excederse.** "… los españoles tienen inclinación a excederse en todo." Antonio Vallejo-Nágera, *Yo, el rey*, 1985.

- **Excusas.** "Los profesionales de la excusa resultan peligrosos porque vampirizan el ánimo." José Antonio Marina, *Memorias de un investigador privado*, 2003.

- **Existir.** "Existir, hoy, es aparecer en televisión." José María Carrascal, *Al filo de medianoche… y algo más*, 1992.

  - "…prefiero existir y ser imbécil. Y supongo que eso es, precisamente, lo que soy: un imbécil. Pero existo." Andrés Ibáñez, ABCD las Artes y la Letras, 20-26/10/2007.

- **Experiencia.** "La experiencia no es una cosa general y vaga. La experiencia son unos casos concretos…" Francisco Umbral, *Diario político y sentimental*, 1999.

  - "Sabemos desde Aristóteles, que la experiencia surge de la sensación y la memoria." Emilio Lledó, *El surco del tiempo*, 1992.

  - "Es verdad que la experiencia que nos hace cautos les da a casi todos una cautela con dosis variable de bellaquería." Ramón J. Sender, *En la vida de Ignacio Morel*, 1969.

- "… una pequeña verdad recogida en la vida es más útil que cien verdades recogidas en los libros." Gregorio Marañón, *Obras completas*, III, 1972.

- **Extrañarse.** "Sorprenderse, extrañarse, es comenzar a entender." José Ortega y Gasset, *La rebelión de las masas*, 1929.

F

- **Faltar.** "Para saber lo que falta hay que saber lo que se tiene." Pablo Jauralde, El Cultural, 20-26/9/2007.

- **Fanáticos.** "Los fanáticos quieren que se les tema y aceptan que se les odie, pero no se resignan a que se haga reír a su costa." Fernando Savater, *El jardín de las dudas*, 1993.

- **Fantasía.** "La mejor fantasía es infinitamente peor que tu realidad cuando la descubres. Meditar es sumergirse en la realidad y darse un baño de ser." Pablo d'Ors, Religión Digital, 16 diciembre, 2016.

  - "Mientras ocurren las cosas, el ser humano está tan ocupados por ellas, que la realidad parece fantasía. Sólo con la fantasía de los días siguientes podemos medir la realidad de los días pasados." César González Ruano, "Una sensibilidad", ABC, 15/12/1957, *Obra periodística*, (1943-1965), II, 2003.

- **Felicidad.** "Pensar que somos lo que creemos ser es una de las formas de la felicidad." Enrique Vila-Matas, *Doctor Pasavento*, 2006.

- "La mitad de la felicidad depende de la ilusión, y la otra mitad de la esperanza." Santiago Ramón y Cajal, *Charlas de café*, 1921.
- "Hay dos sistemas de conseguir la felicidad: uno, hacerse el idiota; otro, serlo." Enrique Jardiel Poncela, *Máximas mínimas*, 1937.
- "Sabed que hay un instante en nuestra vida, un instante único, supremo, en que detrás de una puerta que vamos a abrir está nuestra felicidad o nuestro infortunio…" Azorín, *Confesiones de un pequeño filósofo*, 1902.
- "La felicidad consiste en dar, en sacar de dentro afuera, en querer, en entusiasmarse, en trabajar por una causa noble, en la fe, en el sacrificio." Ramiro de Maeztu, *Autobiografía*, (Editora Nacional) 1962.
- "El secreto de la felicidad es llevarla en secreto…" Camilo José Cela, *Cristo versus Arizona*, 1988.
- "Los días tristes se viven muy despacio y los días felices pasan velozmente." Enrique Jardiel Poncela, *A la luz del ventanal*, en *Obras completas, 1*, 1973.
- "El dinero no da la felicidad, pero ayuda a quitársela a los demás." Chumy Chúmez, *De su propia cosecha*, 2007.
- "No hay un destino cósmico del género humano que le determine hacia la felicidad." Gustavo Bueno, *El mito de la felicidad*, 2005.

- **Feminismo.** "En la actualidad hay una corriente feminista que ha optado por decir que cuanto las mujeres hacen o hicieron es extraordinario. Y, claro, no siempre es así." Javier Marías, "Más daño que beneficio." El País Semanal, 25 junio, 2017.

- **Ficción.** "… no hay mejor ficción que cuando uno habla de sí mismo." César Antonio Molina, "Memorias de ficción", elmundo.es, 31/12/2007.

- **Filosofía.** "La filosofía es un servicio público porque es la única disciplina que educa el sentido crítico." José Antonio Marina, Qué, 16/02/2018.
  - "Quiero escribir filosofía en la lengua que se pide el chocolate y se habla de la cosecha y de los asuntos domésticos." Miguel de Unamuno, Unamuno-Maragall, *Epistolario…* 1971.
  - "La filosofía es un instrumento para hacer pensar, para hacer amar los conceptos y el lenguaje, la historia y la enseñanza. Para hacer amar la vida." Emilio Lledó, Hoyesarte.com, 20/05/2015.
  - "A diferencia de la ciencia, la filosofía no necesita tener éxito." Julián Marías, *Una vida presente*, 2008.
  - "La filosofía no necesita ni protección. Ni atención, ni simpatía de la masa. Cuida su aspecto de perfecta inutilidad, y con ello se libera de toda supeditación al hombre medio." José Ortega y Gasset, *La rebelión de las masas*, 1929.

- **Flores.** "La flores son para dejarlas en paz, en el campo, incólumes, ambiguas y remotas." Salvador Pániker, *Cuaderno amarillo*, 2001.
  - "Una flor vale más que una lección de botánica." Alejandro Casona, *Nuestra Natacha*, 1936.

- **Fracasar.** "Fracasar no es delinquir." María Martínez Sierra, *Una mujer por caminos de España*, 1989.
  - "Y si fracasas otra vez, síguelo intentando mientras puedas. Y cuando ya no puedas más-, pues bue-

no, pues hasta ahí llegaste, compañero." Arturo Pérez-Reverte, *Con ánimo de ofender, (1998-2001)*, 2001.

- "Ningún ministro se considera jamás fracasado." Juan Antonio de Zunzunegui, *Esta oscura desbandada*, 1957.

- **Franqueza.** "Pero cuando se quiere ser franco, lo primero que hay que hacer es no preocuparse en lo más mínimo acerca de si la opinión expresada va o no contra los intereses privados del opinante." José Ferrater Mora, *Mariposas y supercuerdas*, 1994.

- **Frivolidad.** "Pero la frivolidad cuando va acompañada de la gracia, no sé yo hasta qué punto puede considerarse como defecto." César González Ruano, "Enrique Gómez Carrillo", Pueblo, 22/8/1957, *Obra periodística*, (1943-1965), II, 2003.

- **Fuertes.** "Sólo luchando con los fuertes se llega a ser fuerte." Santiago Ramón y Cajal, *Recuerdos de mi vida*, 2006. [Publicado en 1901.]

- **Futuro.** "En el pasado hay frustración y en el futuro, angustia; la alegría es presente." Álex Rovira, El Faro de Vigo, 31/10/2017.

  - "El presente es el pasado que acaba de cumplirse, y el futuro es el pasado que queda por cumplir." Felipe Fernandez-Armesto, Entrevista, El País, 19 junio, 2016.

  - "Pero, de pronto, se levantó ante mí el fantasma del futuro, la incógnita del '¿qué ocurrirá mañana?', que ha enturbiado los momentos más felices de mi vida." Miguel Delibes, *Mi vida al aire libre*, 1989.

- "Ya no somos hijos del pasado sino del futuro. Ya no son las cosas que son las que nos inspiran, sino las cosas que serán. Nuestra objetividad, nuestra realidad, nuestro destino está en el mañana, no en el hoy ni en el ayer." Ramiro de Maeztu, *Autobiografía*, (Editora Nacional) 1962.

- "El espíritu adquiría el hábito de no contar con el instante vivido y de proyectarse violentamente sobre un futuro sin fecha ni nombre, ni otro valor que el de una escapatoria abierta en el hoy." Manuel Azaña, *El jardín de los frailes*, 1927.

- "Nuestra vida es ante todo toparse con el futuro. He aquí otra paradoja. No es el presente o el pasado lo primero que vivimos, no; la vida es una actividad que se ejecuta hacia adelante, y el presente o el pasado se descubre después, en relajación con ese futuro. La vida es futurición, es lo que aún no es." José Ortega y Gasset, *¿Qué es filosofía?*, Obras completas, VII. 1983.

G

- **Ganas de vivir.** "A mí me dan ganas de escribir las ganas de vivir." Antonio Muñoz Molina en Juan Ramón Iborra, *Confesionario*, 2001.

- **Generalizar.** "En virtud de esta propensión a generalizar y sobre todo a estereotipar, usualmente reforzada por libros, revistas, diarios, estaciones de radio y canales de televisión, nos formamos imágenes que nos es difícil desterrar." José Ferrater Mora, *Mariposas y supercuerdas*, 1994

- **Generosidad.** "La cordialidad, la generosidad, la caridad, la filantropía, todo eso es muy flojo y muy poco vivo en el hombre. La mayoría de las veces está sólo en las palabras." Pío Baroja, *Desde la última vuelta del camino, II*, 2006.

  - "La confianza, el optimismo, la gratitud, la generosidad, el perdón, la curiosidad, la esperanza, la fe, el entusiasmo, la humildad, la entrega o la serenidad son, entre tantos otros, poderosos acicates para la realización individual y colectiva." Álex Rovira, "Cuando querer es poder", El País, 4 junio, 2006.

- **Gente.** "...creen con sinceridad (o con hipocresía) que antes la gente era noble y honesta y veraz y leal, y ahora no; que antes la gente poseía inteligencia y cultura, y ahora no; que antes el mundo era un lugar vivible, y ahora no." Javier Cercas, "Seacabó", El País Semanal, 12/8/2007.

  - "La gente no desea nada porque no tiene canal para expresar sus deseos: la gente ve lo que le echan." Luis Racionero, *Guía práctica para insatisfechos*, 1997.

- **Goce.** "El goce es bastante parecido al placer y requiere la percepción de sensaciones físicas, como las sexuales, gustativas, acústicas y otras." José M. Rodríguez Delgado, *La felicidad*, 1988.

  - "Una casa, como una vida, es siempre una decepción que incluye el goce." Dionisio Ridruejo, *Diario de una tregua*, 1972.

  - "Salvo los más instintivos, todos nuestros goces son aprendidos, es decir, imitados." Fernando Savater, *Mira por donde, autobiografía razonada*, 2003.

- **Gozo.** "Para una mente reglamentaria y puritana es inconcebible que haya salud sin privación y gozo sin castigo." Antonio Muñoz Molina, *La vida por delante*, 2002.

- **Grandeza.** "Si tuviéramos el sentido de la proporción sabríamos armonizar la grandeza o la pequeñez de lo que expresamos con la expresión misma, nuestra aspiración y nuestros medios, nuestros medios y la finalidad." Victoria Kent, *Cuatro años en París, 1940-1944*, 2007

- **Gratis.** "Los españoles tenemos que irnos haciendo a la idea de que no hay nada gratis en este mundo." José María Carrascal, *Al filo de medianoche... y algo más*, 1992.

- **Gritar.** "Gritar es de necios; llorar, da vergüenza… Más vale escribir." María Martínez Sierra, *Una mujer por caminos de España*, 1989.

- **Guerra.** "Gane quien gane las guerras, las pierden siempre los poetas." Javier Cercas, *Soldados de Salamina*, 2001.

  - "La guerra, repitamos, era un medio que habían inventado los hombres para solventar ciertos conflictos. La renuncia a la guerra no suprime estos conflictos. Al contrario, los deja más intactos y menos resueltos que nunca." José Ortega y Gasset, *La rebelión de las masas*, 1929.

  - "Ir a las guerras cantando es fácil. Pero seguir cantando durante una guerra que dura tres años, eso es ya más difícil." Rafael García Serrano en Salvador Jiménez, *Españoles de hoy*, 1966. [Se refiere a la guerra civil española, 1936-39.]

- "El pensar que se puede hacer una guerra sin muertos es una tontería…" Ángel Mª de Lera, *Las últimas banderas*, 1967.

- **Gurús.** "La meditación es silencio, y para guardar silencio no hace falta ningún gurú." Salvador Pániker, *Cuaderno amarillo*, 2001.
  - "Los santones y los gurús siempre actúan en beneficio propio." Antonio Gala, *Los bellos durmientes*, 1994.

H

- **Hacer.** "No basta con proclamar las cosas, sino que hay que hacerlas." Julián Marías, *Una vida presente*, 2008.
  - "Si quieres hacer cosas diferentes, deja de hacer siempre lo mismo." Sonia Fernández-Vidal, *La puerta de los siete cerrojos*, 2011.
  - "La vida da mucho quehacer, y el mayor de todos, acertar a hacer lo que hay que hacer." José Ortega y Gasset, *El libro de las misiones*, 1940.
  - "Se pueden perfectamente hacer las cosas como uno cree que deben hacerse." José Jiménez Lozano, *Los cuadernos de la letra pequeña*, 2003.
  - "Por eso vivir es siempre, siempre, sin pausa ni descanso, hacer." José Ortega y Gasset, *La rebelión de las masas*, 1929.
  - "No concibo que algo que hago no lo haga lo mejor posible." Espido Freire, IMF Business School, 15/03/2016.

- "… es la gran diferencia entre los que hacen y no saben vender lo que hacen y los que venden y no saben hacer lo que venden." Federico Jiménez Losantos, El Mundo, 25/10/2007.

- **Halagos.** "Todo el que nos censura nos parece sectario o malevolente, pero el más trivial de los halagos hace que concibamos una especie de impaciente simpatía incluso por quienes conocemos sin controversia como acendrados cretinos." Fernando Savater, *Mira por donde, autobiografía razonada*, 2003.

- **Hambre.** "Sólo el hambre es capaz de acallar la conciencia." Alberto Vázquez Figueroa, *La taberna de los Cuatro Vientos*, 1994.

- **Héroes.** "Es más fácil ser héroe en un momento heroico que ser héroe en el ambiente gris de cada día." Carmen Kurtz, *El desconocido*, 1956.

— "Vivir resistiéndose, día a día, a las ventajas de la adulación y la mendacidad, es sentar plaza vitalicia de héroe…" Juan Gil-Albert, *Los días están contados*, 1974.

- **Hijos.** "La risa de un hijo es la única razón verdadera que nos da la vida de lo que vale nuestra vida." Jacinto Benavente, *La noche del sábado* 1903.

  - "Los hijos, y no los impuestos son el máximo bien que una persona otorga a su país." Metro Directo, 26/1/2004.

- **Hipocresía.** "…la hipocresía es un vicio que está de moda, y todos los vicios de moda pasan por virtudes." Cristián Caballero, *Cómo educar la voz hablada y cantada*, 1985.

- **Holgazán.** "De mí, el día de mañana, se podrá decir que yo era un escritor bueno, malo o regular; ahora, lo que no me podrá decir nadie es que fui un holgazán, porque yo he escrito más que un tostao." Camilo José Cela, El Mundo, 30/4/1999.
  - "El español es pobre por holgazán y holgazán por pobre." Camilo José Cela, *Cuatro figuras del 98 y otros retratos y ensayos españoles*, 1961.

- **Homosexuales.** "El homosexual químicamente puro no existe y el heterosexual químicamente puro tampoco." Luis Antonio de Villena, en Javier Gurruchaga, *Garras humanas*, 1999.
  - "El dolor sin restitución de tantos homosexuales en la España facha y hombruna es una gran biblioteca sombría de historias no escritas que no pueden perderse en el olvido." Antonio Muñoz Molina, *La vida por delante*, 2002.

- **Honores.** "… los grandes sabios fueron, casi siempre, grandes caciques universitarios, hombres imperiosos y dominantes que buscaban los honores, ya que no las riquezas, de manera obsesiva." Julio Caro Baroja, *Los Baroja*, 1972.
  - "Me gustan los que viven felices al sentirse privados de ayudas, de medallas, de todos esos pequeños mimos con los que se obsequia el Estado y la sociedad en nombre del *apoyo a la creación propia del país*." Enrique Vila-Matas, *El traje de los domingos*, 1995.

- **Honradez.** "¡Dichosos los que tienen dinero bastante para ser honrados!" Julio Camba, *El Mundo*, 12/8/1908.
  - "… la honradez es el tesoro de los pobres." José Asenjo Sedano, *Eran los días largos*, 1982.

- "… honradez, esa honradez que me ha llevado siempre a hablar de lo que debo a los demás…" Juan Ramón Jiménez, *Y para recordar por qué he venido*, 1990.

- "La honradez no tiene en España fama de útil y el calificativo de *buen hombre* se acerca más a la compasión que a la alabanza." José María Carrascal, *El mundo visto a los 80 años*, 2014.

- **Huelgas.** "El derecho a la huelga, pensaba, es un arma legítima de las clases obreras para defender sus libertades laborales y obtener una justa mejora de su salario familiar." Claudio Sánchez Albornoz, *Confidencias*, 1979.

- **Humanidad.** "La Humanidad, que es una realidad abominable de sucesos, de egoísmos, de vanidades y de pecados, a veces estas cosas tan sobrecogedoramente admirables, que le suben a uno el corazón a la gorguera…" Emilio Romero, *La paz empieza nunca*, 1957.

  - "La humanidad no es necia. Gusta, de tiempo en tiempo, de asumir riesgos de todo género y se atreve a asomarse a los precipicios más profundos." Antonio Garrigues Walker, ABC, 13/10/2007.

- **Humildad**. "La confianza, el optimismo, la gratitud, la generosidad, el perdón, la curiosidad, la esperanza, la fe, el entusiasmo, la humildad, la entrega o la serenidad son, entre tantos otros, poderosos acicates para la realización individual y colectiva." Álex Rovira, "Cuando querer es poder", El País, 4 junio, 2006.

– "La mejor lección de mi vida… es sin duda la humildad o, si se prefiere, el sentido del humor." Manuel Fraga Iribarne, *Memoria breve de una vida pública*, 1980.

- **Humorismo.** "El humorismo es una manera encantadora de decir que no a la vida." Francisco Umbral, *Diario político y sentimental*, 1999.

  – "¡Pobre país este donde el *animus jocandi* no se acepta ni por los intelectuales más eminentes!" Fernando Vizcaíno Casas, *Los pasos contados III*, 2002.

I

- **Idea.** "Toda idea nuestra es reacción –positiva o negativa- a las situaciones que nos plantea nuestro destino." José Ortega y Gasset, *Goethe desde dentro*, 1932.

- **Idealistas prácticos.** "Hoy, más que nunca, son necesarios los idealistas sumamente prácticos, los que tocan con los pies en el suelo pero anhelan las estrellas." Álex Rovira en alexrovira.com

- **Ideas.** "Cuando se quiere entender a un hombre, la vida de un hombre, procuramos ante todo averiguar cuáles son sus ideas." José Ortega y Gasset, "Creer y pensar" 1931, en *Ideas y creencias*, 1940.

  – "El que hereda una joroba se tiene que fastidiar pero el que hereda una idea tonta si continúa con ella es porque quiere." Delfín C. Marshall, *Un antro de perdidos* 1990.

- **Idiomas.** "Cada idioma que aprendes enriquece tu activo, tu futuro y tu felicidad." Antonio Garrigues Walker, Huffington Post, 25/10/2014.

  - "El idioma es como un río, que toma de aquí y de allá nuevas corrientes." Pío Baroja, *Desde la última vuelta del camino, II*, 2006.

  - "No puede uno olvidarse de que el idioma es una creación humana y, por tanto, puede desaparecer." Fernando Lázaro Carreter en Blanca Berasátegui, *Gente de palabra*, 1987.

  - "… cualquier idioma es único e imprescindible, lo hablen mil personas o lo hablen mil millones." Antonio Muñoz Molina, *La vida por delante*, 2002.

- **Ignorancia.** "La ignorancia es como el aceite, se extiende pronto, mancha mucho y se seca mal." Francisco A. Marcos Marín, ABCD las Artes y las Letras, 18/8/2007.

  - "Pase lo que pase: sólo la ignorancia es mala." Max Aub, *Diario (1939-1972)*, 1998.

  - "La intolerancia y la ignorancia son dos de las más sólidas vigas del tinglado burgués." Camilo José Cela, *Cuatro figuras del 98 y otros retratos y ensayos españoles*, 1961.

- **Igualdad.** "La igualdad no es necesario llevarla al absurdo para comprender que es una idea sin base ninguna…" José Martínez Ruiz, Azorín, *La voluntad*, 1903.

  - "… en el mundo no hay igualdad ni para repartir besos entre los chiquitines…" José Francos Rodríguez, en José López Pinillos, *Cómo se conquista la notoriedad*, 1920.

- "La igualdad y la fraternidad me parecieron siempre mitos de guardarropía." Pío Baroja, "La formación psicológica de un escritor", Cruz y Raya, 12/5/1935.

- "La igualdad no existe. Los hombres y las mujeres son diferentes, y lo son también los fuertes y los débiles, los sanos y los enfermos, los blancos y los negros." José Antonio Marina, *Memorias de un investigador privado*, 2003.

- "Nadie es igual a nadie. Todos somos individuos." Fernando Sánchez Dragó, *Libertad, fraternidad, desigualdad*, 2007.

- **Ilusiones.** "Meditar en silencio desenmascarará las falsas ilusiones. La mayor parte de nuestra energía la malgastamos en expectativas ilusorias que desaparecen cuando las tocamos." Pablo d'Ors, Religión Digital, 16 diciembre, 2016

- **Imaginación.** "He llegado a la conclusión de que el motor del cambio es la imaginación, y esta juega un papel importante en la cultura." Felipe Fernandez-Armesto, Entrevista, El País, 19 junio, 2016.

  - "Los tejidos de la imaginación se urden con los persistentes hilos de la realidad." Antonio Gala, *La regla de tres*, 1993.

- **Imbéciles.** "Porque puede uno tener un gran talento, lo que llamamos un gran talento, y ser un estúpido del sentimiento y hasta un imbécil moral." Miguel de Unamuno, *Del sentimiento trágico de la vida en los hombres y en los pueblos*, 1913.

– "Si hay un rasgo infalible para distinguir a un imbécil es la suficiencia." Antonio Muñoz Molina, *La vida por delante*, 2002.

- **Impaciencia.** "Lo nuestro es la impaciencia que, por otra parte, es el gran motor de casi todo lo que hacemos." Manuel Augusto García Viñolas en Salvador Jiménez, *Españoles de hoy*, 1966.

- **Imposible.** "Hay momentos en que todo, hasta lo más evidente, llega a parecer, por lo lejano, imposible. Son momentos que hay que vencer, como un vicio, a fuerza de voluntad, de mucha y muy firme voluntad." Camilo José Cela, *Las compañías convenientes*, 1999.

- **Imprescindible.** "Nadie es imprescindible." Manuel Vázquez Montalbán, *Los mares del sur*, 1979.

- **Impuestos.** "Los hijos, y no los impuestos son el máximo bien que una persona otorga a su país." Metro Directo, 26/1/2004.

  – "Los impuestos son la lastra de la vida económica, el enemigo primario de la clase baja y el centro de contaminación séptica de la política económica." La información, EE. UU., 1996.

- **Incertidumbre.** "La certeza de la fragilidad de la vida, adquirida en lugares donde bibliotecas y seres humanos se convertían fácilmente en cenizas, acabó convenciéndome de lo provisional que es todo." Arturo Pérez Reverte, *No me cogerás vivo, 2001-2005)*, 2005.

  – "Yo he visto arder muchas bibliotecas, muchas ciudades bombardeadas, y he visto mundos enteros irse al carajo con apretar un botón. Eso me ha liberado de incertidumbres y me ha dado seguridad.

Qué paradoja más grande: una de esas seguridades es que da lo mismo." Arturo Pérez-Reverte, entrevista de Tulio Demicheli, ABC, 20/11/2005.

- **Inconsciente.** "La mayor parte de las decisiones que se toman tienen un responsable: el inconsciente." Eduardo Punset, *El alma está en el cerebro*, 2006.

- **Incredulidad.** "No creas en nada, no creas en nadie. Verifica personalmente todo lo que se te dice." Fernando Sánchez Dragó, *Libertad, fraternidad, desigualdad*, 2007.

- **Independencia.** "¡Qué gran bien no depender de nadie; no tener que adular, ni que pedir! ¡Qué gran bien, sí, la independencia y la libertad!" Sebastián Juan Arbó, *Memorias. Los hombres de la ciudad*, 1982.

- **Indignación.** "Mi resorte de acción, mi acicate, mi estímulo, es la indignación casi airada que suscita en mí la idea de que la mayor parte del género humano lo pase tan mal pudiendo pasarlo razonablemente bien." María Martínez Sierra, *Una mujer por caminos de España*, 1989.

- **Individualismo.** "… el Quijote es la biblia del individualismo." Federico de Onís, Ensayos, "Disgregación individualista", 1920.

- **Infamia.** "Es bueno recordar que la infamia existe, que siempre acecha un vil mierdecilla dispuesto a cargárselo todo con el pretexto de la religión, la raza, la nación, la lengua o el chichi de la Bernarda." Arturo Pérez-Reverte, *Con ánimo de ofender, (1998-2001)*, 2001.

- **Infelicidad.** "Salir, viajar, huir es el signo (incluso cultural) de una infelicidad profunda." Luis Antonio de Villena, *La felicidad y el suicidio*, 2007.

– "Una de las mayores causas de infelicidad de los hombres ha sido el enaltecimiento del presente y la desestimación del pasado." Javier Marías, *Los villanos de la nación*, 2010.

- **Información.** "Quien posee información tiene poder. Y quien puede distribuir información tiene influencia." José Antonio Marina, *Memorias de un investigador privado*, 2003.

  – "La sociedad global de la información hunde sus raíces en la cultura de la imagen." Juan Luis Cebrian, *La red*, 1998.

- **Ingenuidad.** "Siempre he creído que la inocencia es, con la ingenuidad, la única actitud verdaderamente creadora." Julián Marías, *La fuerza de la razón*, 2005.

- **Injurias.** "De todas las reacciones posibles ante una injuria, la más hábil y económica es el silencio." Santiago Ramón y Cajal, *Charlas de café*, 1921.

- **Inmoralidad.** "A mi la inmoralidad no me preocupa… Aquí, en confianza, te diré que una mujer honrada me parece uno de los productos más estúpidos y amargos de la vida." Pío Baroja, *El árbol de la ciencia,* 1911.

  – "… en estos tiempos es más fácil divulgar la inmoralidad que la decencia." José Luis Sampedro, *El caballo desnudo*, 1970.

- **Innovación.** "La innovación (en la empresa) era antes un lujo, hoy es una exigencia de supervivencia." Salvador Pániker, *Cuaderno amarillo*, 2001.

- **Inquietudes.** "Es preciso sacudir enérgicamente el bosque de las neuronas cerebrales adormecidas; es menester hacerlas vibrar con la emoción dc lo nuevo e infundirles nobles y elevadas inquietudes." Santiago Ramón y Cajal, *Recuerdos de mi vida*, 2006. [Publicado en 1901.]

– "¡La inquietud! El trabajo no importa: el esfuerzo agotador no importa; el amor compartido (...) los hijos… Más, la inquietud." María Martínez Sierra, *Una mujer por caminos de España*, 1989. [María de la O Lajárraga.]

- **Inseguridad.** "La inseguridad la padecen mucho más los pobres que los ricos." Fernando Savater, El Español, 10 junio 2017.

  – "No podemos vivir en una permanente inseguridad ni podemos vivir en la duda constante, de modo que el cerebro nos ayuda a confiar en el mundo y nos describe el mundo para que nos sintamos seguros." Eduardo Punset, *El alma está en el cerebro*, 2006.

  – "La vida humana consiste en inseguridad; la vida histórica también." Julián Marías, *La fuerza de la razón*, 2005.

- **Instinto.** "… el instinto acierta siempre más que la reflexión, y encima no da explicaciones." Francisco Umbral, *Los cuadernos de Luis Vives*, 1996.

- **Inteligencia.** "Una de las grandes funciones de la inteligencia es inventar posibilidades reales." José Antonio Marina, *Memorias de un investigador privado*, 2003.

  – "Habrá, pues, que recordar que sin inteligencia ni voluntad no pueden darse ni alfabeto, ni convención, ni cifra, ni recado, ni traducción, ni información, ni interpretación…" Salvador de Madariaga, *Cosas y gentes, II,* 1979.

- – "En España el trabajo y la inteligencia siempre se han visto menospreciados." Ramón del Valle Inclán, *Luces de bohemia,* 1920.

- – "La disciplina es una de las caracterizaciones más profundas del talento mismo, una de las formas más acabadas y perectas de la inteligencia." César González Ruano, "La disciplina literaria", Pueblo, 29/1/1955, *Obra periodística,* (1943-1965), II, 2003.

- **Interesante.** "En España cualquier disculpa es buena para creernos interesantes…" Julio Llamazares, *En Babia,* 1991.

  - – "Creemos mucho más interesante lo que decimos nosotros que lo que afirman los demás…" Fernando Díaz Plaja, *El español y los siete pecados capitales,* 1966.

- **Interpretación.** "Toda interpretación es, pues, resultado de un deseo, de unos prejuicios, de unas capacidades intelectuales, de un misterioso juego neuronal cuyas reglas apenas conocemos." Emilio Lledó, *El surco del tiempo,* 1992.

- **Intolerancia.** "La intolerancia y la ignorancia son dos de las más sólidas vigas del tinglado burgués." Camilo José Cela, *Cuatro figuras del 98 y otros retratos y ensayos españoles,* 1961.

  - – "Si Don Quijote es símbolo de algo, lo es de las armas y de la intolerancia." Gustavo Bueno, *España no es un mito,* 2005.

- **Intrigar.** "Los que intrigan, los que tienen la sartén del mango, los que trapichean son siempre los otros." José Luis García Martín, "Llagas", en ABCD las Artes y las Letras, 27/10/2007.

- **Inutilidad.** "Sin duda no los jubilaban (a los profesores) por sus influencias y por esa simpatía y respeto que ha habido siempre en España por lo inútil." Pío Baroja, *El árbol de la ciencia,* 1911.

    - "Dejamos consignado que lo inútil, aun aceptando el punto de vista humano (con las necesarias restricciones de tiempo y lugar), no existe en la Naturaleza." Santiago Ramón y Cajal, *Los tónicos de la voluntad,* 1912.

    - "Nada hay completamente inútil ni despreciable. El secreto está en dar con la vena escondida de cada uno." Juan Antonio de Zunzinegui, *Dos hombres y dos mujeres en medio,* 1944.

- **Ironía.** "La mejor forma de asalto es la ironía; la mejor arma, la sonrisa; la máxima ofensa, ni siquiera citar al que se ataca, negándole incluso la existencia." José María Carrascal, *Al filo de medianoche… y algo más,* 1992.

- **Irresponsabilidad.** "Y el más grande y dañino de los males políticos es el de la irresponsabilidad de quienes gobiernan." M. Martín Ferrán, ABC, 22/9/2007.

J

- **Jóvenes.** "Nunca seremos tan jóvenes como hoy y la vida se conquista día a día." Rosa Montero, Huffington Post, 03/01/2016.

    – "El tiempo tiene un ritmo distinto para los jóvenes y para los viejos." Julio Llamazares, *El río del olvido*, 1990.

    • "Yo soy de los escasos mortales que no quieren volver a ser joven, que estoy encantado de pisar la rigurosa actualidad de mis años y de mi vida." César González Ruano, "Episodio", Pueblo, 28/1/1956, *Obra periodística*, (1943-1965), II, 2003.

- **Jubilación.** "En la jubilación, por primera vez uno es dueño de su tiempo." José María Carrascal, Entrevista, El Mundo, 28 julio, 2017.

    – "En las profesiones absolutamente liberales no hay, naturalmente, jubilación forzosa. Muchas veces he pensado en la jubilación forzosa. En general, me parece una triste barbaridad. Pensar, por ejemplo, que un día puede ser jubilado un hombre como don Gregorio Marañón…" César González Ruano, "Los viejos famosos", Pueblo, 30/4/1955, *Obra periodística*, (1943-1965), II, 2003.

- **Juegos.** "Estoy convencido de que el juego estropea la inteligencia aún más que el alcohol. Prefiero tratar y conversar con un alcohólico a tratar y conversar con un jugador." Miguel de Unamuno, *Andanzas y visiones españolas*, 1922. [Se refiere a los juegos de azar.]

    – "Todo es un juego. Lo que pasa es que llevamos milenios tratando de descubrir las leyes de ese juego sin conseguirlo." Ramón J. Sender, *En la vida de Ignacio Morel*, 1969.

- **Justicia.** "La falta de justicia lo corrompe todo, impide hasta la convivencia humana, porque no es posible que el postergado o el sacrificado pueda convivir con el arrivista que sube y triunfa cínicamente." Pío Baroja, "La formación psicológica de un escritor", Cruz y Raya, 12/5/1935.

  – "No es lo mismo la ley que la justicia." José Luis Sampedro, *Real sitio*, 1993.

  – "Sin libertad no puede, además, haber justicia." Claudio Sánchez Albornoz, *Confidencias*, 1979.

- **Justificarse.** "… el hombre es el animal que se justifica, que pretende razonar sus acciones para presentarlas como buenas aunque no lo sean." Delfín C. Marshall, *Un antro de perdidos* 1990.

  – "El hombre no puede vivir sin justificar ante sí mismo su vida." José Ortega y Gasset, *Goethe desde dentro*, 1932.

- **Juzgar.** "No me gusta ser juez de nadie. Juzgar la conducta ajena es una cosa que me espanta. Por eso, de mi profesión, lo que menos me gusta es la hora de los exámenes. Juzgar a un chico, destruir, quizá, ilusiones. Eso es tremendo." Fernando Lázaro Carreter en Blanca Berasátegui, *Gente de palabra*, 1987.

L

- **Lavado de cerebro.** "El lavado de cerebro es la máxima invasión de la privacidad." Eduardo Punset, *El alma está en el cerebro*, 2006.

- **Lectura.** "No se olvide que es siempre la lectura una colaboración." José Ortega y Gasset, *El espectador, I,* 1916.

- "El lenguaje ha pasado… de ser algo oído a poder ser algo visto. Con la mirada puesta en la escritura va a surgir, con extraordinaria fuerza el mundo literario." Emilio Lledó, *El surco del tiempo*, 1992.
- "No hay mejor viaje que la lectura." César Antonio Molina, "Memorias de ficción", elmundo.es, 31/12/2007.

- **Leer.** "…cuando se lee mucho y se piensa poco, el libro es un instrumente terriblemente eficaz para la falsificación de la vida humana." José Ortega y Gasset, *El libro de las misiones*, 1940.

  - "Leer, cualquier cosa, es el más simple, barato y eficaz trabajo intelectual." José María Carrascal, *El mundo visto a los 80 años*, 2014.

  - "Cuando se ha vivido algo, ¿para qué leer? ¿Qué nos pueden enseñar los libros que no esté en la vida?" José Martínez Ruiz, Azorín, *La voluntad*, 1903.

  - "Escribir y leer, al fin, son formas de recordar, de volver a recordar, de seguir recordando, de intentarlo al menos. Escribir es intentarlo al menos." David Cantero, "Perder la memoria", El Mundo, 22/11/2007.

- **Lenguaje.** "El lenguaje es por esencia diálogo, y todas las otras formas de hablar depotencian su eficacia." José Ortega y Gasset, *La rebelión de las masas*, 1929.

  - "Conviene cobrar conciencia de que vivimos atrapados por el lenguaje." Salvador Pániker, *Cuaderno amarillo*, 2001.

  - "Las posibilidades creadas por las palabras son especialmente importantes, porque nuestra inteligencia es lingüística y el lenguaje es nuestra casa." José Antonio Marina, *Memorias de un investigador privado*, 2003.

- **Liberación femenina.** "La liberación femenina es una de las mayores revoluciones de la historia." José María Carrascal, *El mundo a los 80 años*, 2014.

- **Libertad.** "Sin libertad, la existencia no vale la pena de ser vivida." Gregorio Marañón, *Vida e historia*, 1940.

  - "La libertad es la consecuencia de haber elegido conscientemente." Antonio Gala, Entrevista, El País, 26 spt., 2008.

  - "Es necesario pasar por la quietud para adiestrarse en el dominio de sí, sin el que no puede hablarse de verdadera libertad." Pablo d'Ors, *Biografía del silencio*, 2012.

  - "… y ésta es la única forma que todos seamos libres, porque mientras no respetemos la libertad de los otros, estamos perdidos." Juan Antonio de Zunzunegui, *El supremo bien*, 1962.

  - "En España, por uno de esos equívocos que producen las malas herencias, se ha pensado que seguridad y libertad eran conceptos opuestos." José Antonio Marina, *Memorias de un investigador privado*, 2003.

  - "No es verdad que la verdad nos haga libres. Lo que nos hace es autónomos." José Antonio Marina, *El misterio de la voluntad perdida*, 1997.

- **Literatura.** "...contemplar la literatura como un juego de riesgos y abismos de altura." Enrique Vila-Matas, *Dietario voluble*, 2008.

– "La literatura no vale para nada, aunque, si se hace de verdad, nunca miente." José Jiménez Lozano, ABC, 11/12/2004.

– "La literatura es una carrera de antorchas. En cada generación se lleva el testigo hasta donde se puede y ahí se le entrega al escritor de la etapa siguiente." Camilo José Cela, La Razón, 13/5/2001.

– "La literatura es ante todo oficio de solitarios." Julio Llamazares, *En Babia*, 1991.

– "La literatura, en fin, no es sino una masacre dulce que se hace a costa de la vida." Francisco Umbral, *Los cuadernos de Luis Vives*, 1996.

- **Locos.** "Nos gustan esos hombres libres, apasionados, combatientes, temerarios, de los que suele decirse: *es un loco.*" Dionisio Ridruejo, *Diario de una tregua*, 1972.

  – "¿Y qué es un loco más que un hombre corriente en sueños?" Juan Ramón Jiménez, *Y para recordar por qué he venido*, 1990.

- **Lógica.** "La lógica es el pulverizador de la razón." Ramón Gómez de la Serna, *Greguerías*, 1979.

- **Luchar.** "Sólo luchando con los fuertes se llega a ser fuerte." Santiago Ramón y Cajal, *Recuerdos de mi vida*, 2006.

  – "Hay que luchar; esa es la vida. Vale más la inquietud, el ajetreo contínuo, la alternativa de placeres y dolores que no el estancamiento." Pío Baroja, *Aurora roja*, 2011.

- **Lujo.** "Verdadero lujo tener tiempo para hablar con calma con nuestros afectos, beber agua de una fuente no contaminada, escuchar el silencio de la naturaleza, perder el tiempo en lo que nos dé la gana, contemplar, vivir sin prisa, respirar aire puro…" Álex Rovira, "El lujo de lo esencial", El País, 19 marzo, 2006.

M

- **Madres.** "…era uno de esos hombres que educan, miman y regalan las madres con celosa ternura, como si su hijo estuviese destinado a la realeza. No le contrarían, alientan su señorío por todos los procedimientos, estimulan su vanidad y acaban por hacer de él un despotilla presuntuoso y casi siempre inútil." Manuel Bueno, *En el umbral de la vida*, (1916), 2000.
  - "No como otros que yo me sé, que cuando les pinchan un dedo llamán a su mamá. Las gachís nunca llaman a su mamá: ellas son su mamá." Arturo Pérez-Reverte, *Con ánimo de ofender, (1998-2001)*, 2001

- **Mal.** "… la principal diferencia entre el bien y el mal es que el mal resulta siempre ser más fácil, más rápido, incluso más brillante." Antonio Muñoz Molina, *La vida por delante*, 2002.

- **Mala leche.** "El hombre es el único animal que tiene mala leche." Max Aub, *Diario (1939-1972)*, 1998.

- **Maledicencia.** "Nada diría yo nunca de un hombre de ideas diferentes u opuestas a las mías si él fuese fiel a su ideal y su ideal fuese un ideal respetable." Juan Ramón Jiménez, *Y para recordar por qué he venido*, 1990.

- **Malicia.** "¿Crees en eso que se llama sabiduría popular? No, no creo. En la malicia popular, sí." Antonio Mingote en Salvador Jiménez, *Españoles de hoy*, 1966.

- **Maltratos a los niños.** "Cuando hacéis con la violencia derramar las primera lágrimas a un niño, ya habéis puesto en su espíritu la ira, la tristeza, la envidia, la venganza, la hipocresía…" Azorín, *Confesiones de un pequeño filósofo*, 1902.

- **Mandar.** "La cantidad de hombres dominados por la pasión de mandar es inmensa." Gregorio Marañón, *El Conde-Duque de Olivares, La pasión de mandar*, 1936.

  - "El que llega detrás de un sillón quiere mandar…" Triunfo, 16/7/1977.

  - "Entre el ministro y la novia del ministro, se debe elegir a la novia, que manda mucho más." ABC Cultural, 15/3/1996.

- **Marginalidad.** "La marginalidad que practica es, con el epicureismo y el ascetismo, una forma heroica de vida que requiere un tesón y una inconsciencia constantes." Fernando Arrabal, *La dudosa luz del día*, 1994.

- **Más.** "Más ciencia, más conciencia, más firmeza, más entusiasmo, más hombría de bien, más lealtad. Más, más y más." María Martínez Sierra, *Una mujer por caminos de España*, 1989.

  - "A menudo nos domina el descontento y siempre queremos más: más dinero, más salud, más éxito, más juventud, más belleza, y por supuesto interminable vida." Javier Marías, *Harán de mí un criminal*, 2003.

- **Masas.** "Masa es el hombre medio." José Ortega y Gasset, *La rebelión de las masas*, 1929.

  - "La tiranía de las ideas y de masas es para mí la más repulsiva." Pío Baroja, *Aurora roja*, 2011.

– "La masa, que cuando protesta es rencorosa y de un sentimentalismo ridículo y pueril, cuando manda es despótica y sanguinaria." Pío Baroja, "El espíritu de las masas", Obras Completas, VIII, 1980.

- **Matrimonio**. "Los españoles tienen del matrimonio un sentido pesimista, se casan con la idea de que es para siempre... ¡Y cualquiera coge de nuevo al que se descase!" Pío Baroja, entrevistado por Francisco Lucientes, El Sol, 11/11/1931.

    – "Lo único molesto del matrimonio son esos primeros cincuenta años que siguen a la luna de miel." Miguel Mihura, "Pensamientos sorprendentes" Fernando Valls, Revista Clarín, 5 nov., 2006.

    – "Dicen que la política hace extraños compañeros de cama; yo pienso que lo que hace extraños compañeros de cama es el matrimonio." Salvador Pániker, *Cuaderno amarillo*, 2001.

- **Médicos.** "Los médicos no saben más que lo que les vamos enseñando los enfermos." Alejandro Casona, *Otra vez el diablo*, 1935.

    – "… el noventa y ocho por ciento son simples charlatanes con veleidades criminales." Fernando Savater, *El jardín de las dudas*, 1993.

    – "En casa de todo buen médico se entra con la preocupación de una enfermedad y se sale con la casi certeza de cuatro o cinco." Antonio Machado, *Cartas a Pilar*, 1994.

- **Mediocridad.** "La mediocridad de la política española es espeluznante y es vergonzosa." Alfonso Ussía, Entrevista, El Español, 12 junio, 2016.

– "La excelencia puede ser emulada igual que la mediocridad." Antonio Muñoz Molina, *Todo lo que era sólido,* 2013.

- **Meditar.** "Cuando se medita, y yo gusto de la meditación, pocas cosas pueden sorprendernos en la vida. Todo es, hasta ahora, tal como lo esperaba y lo veía; nada me ha sorprendido. Era optimista, y mi optimismo sigue volando." Gregorio Marañón, entrevistado por Francisco de Viu, La Voz, 14/9/1931.

  – "La mejor fantasía es infinitamente peor que tu realidad cuando la descubres. Meditar es sumergirse en la realidad y darse un baño de ser." Pablo d'Ors, Religión Digital, 16 diciembre, 2016.

  – "… sólo sabe meditar quien es capaz de guardar silencio hasta casi desaparecer, quien no pide nada ni busca nada, quien no se acuerda de nada, quien ha renunciado –incluso- a las experiencias trascendentales." Salvador Pániker, *Cuaderno amarillo,* 2001.

  – "Meditar en silencio desenmascarará las falsas ilusiones. La mayor parte de nuestra energía la malgastamos en expectativas ilusorias que desaparecen cuando las tocamos." Pablo d'Ors, Religión Digital, 16 diciembre, 2016.

- **Mejorar.** "Cambiar sólo es deseable si nos va a permitir mejorar." José Antonio Marina, *Memorias de un investigador privado,* 2003.

- **Memoria.** "Es estúpido el descrédito actual de la memoria porque todo lo que hacemos, comprendemos o creamos parte de nuestra memoria." José Antonio Marina, Qué, 16/02/2018.

- "La memoria es el mago de nuestro cerebro." José María Carrascal, *Todavía puedo*, 2018.
- "Las erratas de la memoria desfiguran inevitablemente el pasado." J.M. Caballero Bonald, *La novela de la memoria*, 2010.
- "El recuerdo engaña porque la memoria es mucho más frágil e infiel de lo que parece." Antonio Muñoz Molina, *Todo lo que era sólido*, 2013.

- **Mente.** "No hay distancia más grande que el espacio entre dos mentes." Enrique Vila-Matas, *Dublinesca*, 2010.
  - "La mente es ese mundo mágico en el que puedo recrear todo acontecimiento vivido." Francisco Mora, *El bosque de los pensamientos*, 2009.
  - "Nuestra mente es lo que somos." Eduardo Punset, *El alma está en el cerebro*, 2006.

- **Mentiras.** "Omitir las verdades no es otra cosa que una variedad refinada de la mentira." Almudena Grandes, *El corazón helado,* 2007.
  - "No existe más que una cosa que produzca más daño que la mentira: la verdad." Enrique Jardiel Poncela, *Máximas mínimas*, 1937.
  - "Hay que reírse cuando dicen que la ciencia fracasa. Tontería: Lo que fracasa es la mentira; la ciencia marcha adelante." Pío Baroja, *El árbol de la ciencia,* 1911.
  - "Que haya gente instalada en la mentira y crea que esa es la verdad, que la ignorancia nos corrompa, esa es mi preocupación ahora." Emilio Lledó, El País, 10/8/2007.

- "Para un artista la mentira cuenta más que la verdad…" Luis María Anson, El Mundo, 29/8/2007.
- **Méritos.** "Las mujeres nos pasamos la vida haciendo méritos. Primero con papá, luego con los profesores y después con los novios y los maridos. Tenemos que merecerlos." Carmen Rico-Godoy, *Cómo ser una mujer y no morir en el intento*, 1990.
- **Meta del organismo.** "Y ¿cuál es la meta de todo organismo vivo? La supervivencia." Eduardo Punset, *El alma está en el cerebro*, 2006.
- **Metas.** "Hay que tener claro lo que uno quiere." Antonio Muñoz Molina en Juan Ramón Iborra, *Confesionario*, 2001.
  - "La satisfacción no se obtiene en la meta, sino en el camino mismo." Pablo d'Ors, *Biografía del silencio*, 2012.
- **Miedo.** "No tengas miedo. No hay nada que temer." Fernando Sánchez Dragó, *Libertad, fraternidad, desigualdad*, 2007.
  - "El miedo tiende a provocar que se produzca lo que se teme, la confianza en uno mismo, aunque sea contagiada por un tercero, puede darnos alas." Álex Rovira, "Superarse con el efecto Pigmalión", El País, 17 sept., 2006.
  - "Miedo significa siempre la alerta ante una posible pérdida de algo." Francisco Mora, "Sobre miedos y cerebro", Huffpost, 23/07/2016.
- **Millonarios.** "Los honores que se le hacen en la vida cotidiana a un millonario son mucho más sutiles y de fundamento que que los que se le hacen a un genio." Francisco Umbral, *Los cuadernos de Luis Vives*, 1996.

– "El millonario cree siempre que el mundo se ha constituido en beneficio exclusivo de él." Juan Antonio de Zunzunegui, *La quiebra*, 1952.

- **Minorías.** "En una minoría selecta hay una mayoría de imbéciles." Enrique Vila-Matas, *Dietario voluble*, 2008.
  • "Las minorías son individuos o grupos de individuos especialmente cualificados." José Ortega y Gasset, *La rebelión de las masas*, 1929.

- **Misa.** "Ir a misa es como una ducha que te va renovando el alma…" La Razón, 1/12/2004.
  – "La música es la misa de los que no van a misa." Francisco Umbral, *Los cuadernos de Luis Vives*, 1996.

- **Miserias.** "Esta propensión a enternecernos con nuestras miserias quizá emerja de nuestro *recuerdo* del pasado… de hace quince mil millones de años." Fernando Arrabal, *La dudosa luz del día*, 1994.

- **Misterios.** "Si al misterio le quieres llamar Dios, pues adelante." José María Gironella, *La duda inquietante*, 1988.
  – "Había poesía porque había misterio." Enrique Vila-Matas, *El traje de los domingos*, 1995.

- **Místicos.** "Ser asceta no significa ser místico." José María Gironella, *La duda inquietante*, 1988.
  – "… en los últimos años mis lecturas de los místicos me ha puesto en contacto con una cierta forma de espiritualidad que es muy enriquecedora. No estoy hablando aquí de un cuerpo de dogmas." Juan Goytisolo en Juan Ramón Iborra, *Confesionario*, 2001.

– "Todos los místicos, desde san Juan, confundís el don poético con el don divino, entre otras cosas porque el don divino no existe." Francisco Umbral, *Los cuadernos de Luis Vives*, 1996.

- **Moda.** "La moda y el lugar común hacen que la gente tenga un concepto confuso de las cosas." Pío Baroja, *Desde la última vuelta del camino, I*, 2006.

  – "La poesía es la verdad y la moda la mentira." Juan Ramón Jiménez, *Y para recordar por qué he venido*, 1990.

  – "… a la larga, y por mucho que queramos ignorarlo, el destino de las modas es pasar…" Julio Llamazares, *En Babia*, 1991.

- **Modestia.** "Defecto por defecto, preferible es la arrogancia al apocamiento, la osadía mide sus fuerzas y vence o es vencida, pero la modestia excesiva huye de la batalla y se condena a vergonzosa inacción." Santiago Ramón y Cajal, *Los tónicos de la voluntad*, 1912.

  – "No hablo desde una trabajosa modestia, claro, sino desde la vanidad que pretende superfluamente justificarse." Fernando Savater, *Mira por donde, autobiografía razonada*, 2003.

  – "Es falso como la modestia." Javier Memba, El Mundo, 1/6/1995.

- **Monólogo.** "Monólogo significa el mono que habla solo." Ramón Gómez de la Serna, *Greguerías*, 1979.

  – "Tertulia: Trenza de monólogos que sólo escucha el que habla." Salvador de Madariaga, *Cosas y gentes, II*, 1979.

- **Moral.** "Te encuentro bajo de moral esta noche, comenta. Es que, respondo, vivo en España, y a veces me doy demasiada cuenta." Arturo Pérez Reverte, *No me cogerás vivo, (2001-2005)*, 2005.
  - "… el teatro es aula donde puede aprenderse la verdadera moral de la gente honrada, que rara vez coincide con la de los supersticiosos," Fernando Savater, *El jardín de las dudas*, 1993.
  - "En lo material, independencia y equilibrio; en lo moral, independencia y calma." Juan Ramón Jiménez, *Y para recordar por qué he venido*, 1990.
- **Morir.** "No moriremos nunca, la vida es eterna." Vicente Ferrer, *El poder de la acción*, 2012.
  - "… la única tragedia que no tiene solución es la de morirse." Juan Antonio de Zunzunegui, *Esta oscura desbandada*, 1957.
  - "La vida tiene miedo a morir, precisamente por miedo a morir." Ramón Gómez de la Serna, *Greguerías*, 1979.
  - "Lo más importante de la vida es no haber muerto." Ramón Gómez de la Serna, *Greguerías*, 1979.
- **Morriña.** "La morriña es una vaga e inconcreta sensación de vacío que no se apoya ni en los sentidos ni en el alma." Camilo José Cela, *Cuatro figuras del 98 y otros retratos y ensayos españoles*, 1961.
- **Móviles.** "El otro día te vi por la calle, y al principio creía que estabas majareta, imagínate, un fulano que camina hablando solo en voz muy alta y gesticulando furioso con una mano, arriba y abajo… Hasta que vi el móvil que llevabas pegado a la oreja." Arturo Pérez-Reverte, *Con ánimo de ofender, (1998-2001)*, 2001.

- "… existe la idea de que *hay que coger el teléfono* o devolver toda llamada, y veo que quienes gastan móvil son aún más esclavos de esta errónea noción." Javier Marías, *Harán de mí un criminal*, 2003.

- **Muertos.** "Los muertos, por mal que lo hayan hecho, siempre salen en hombros." Enrique Jardiel Poncela, *Máximas mínimas*, 1937.

  - "Los muertos no se vengan. Somos los vivos quienes les involucramos en nuestras venganzas." Cristóbal Zaragoza, *Y Dios en la última playa*, 1981.

  - "… los muertos no se van del todo, que de alguna manera siguen estando entre nosotros." Eduardo Lago, *Llámame Brooklyn*, 2006.

  - "Recordar a un muerto es más fácil que recordar a un vivo." Camilo José Cela, *Cuatro figuras del 98 y otros retratos y ensayos españoles*, 1961.

  - "El mundo está lleno de muertos que no saben que lo están." Enrique Vila-Matas, *El traje de los domingos*, 1995

- **Multitudes.** "Las multitudes son inconstantes y crueles." Azorín, *Confesiones de un pequeño filósofo*, 1902.

- **Murmurar.** "No he sido partidario de colaborar ni aun de permitir que delante de mí se trate sin motivo y de una manera agria y descortés a una persona conocida o amiga de buenas intenciones." Pío Baroja, *Desde la última vuelta del camino, II*, 2006.

- **Música.** "La música es un placer y un refugio. La música alimenta y sacia todos los ensueños; es un sedativo para la fiebre sentimental y un consuelo para la angustia interior." Manuel Bueno, *En el umbral de la vida*, (1916), 2000.

– "Sólo existe una música: la del silencio. Todo lo demás es ruido, furia, algarabía." Fernando Sánchez Dragó, *Libertad, fraternidad, desigualdad*, 2007.

– "Por la música descubrimos, como decía Platón, la estructura de nuestra propia alma, y por la música descubrimos o podemos imaginar la estructura del cosmos." Eugenio Trías, El Cultural, 20-26/9/2007.

– "Al parecer, incluso en el cerebro más dañado, la música es lo último que se pierde." Eduardo Punset, *El alma está en el cerebro*, 2006.

– "La música es la misa de los que no van a misa." Francisco Umbral, *Los cuadernos de Luis Vives*, 1996.

N

- **Nada.** "Pasar de todo. Destruir por sistema hasta arribar con la nave llena de locos a la desoladora orilla de la nada." Cristóbal Zaragoza, *Y Dios en la última playa*, 1981.

  – "El todo ha existido, existe y existirá siempre. La nada es lo nunca." Juan Ramón Jiménez, *Y para recordar por qué he venido*, 1990.

  – "La angustia metafísica, bueno, ya todos están de acuerdo en que es como la nada." Rosa Chacel, *Alcancía vuelta*, 1982.

- **Nadie.** "… en este oficio, en mayor o menor grado, todos somos nadie, a no ser que salgamos mucho en la televisión, lo cual tampoco salva de la invisibilidad, porque sólo sirve para que la cara de uno les resulte

familiar a un número inmenso de personas que jamás
van a leerle." Antonio Muñoz Molina, *La vida por delante*, 2002.

- **Necesidad.** "No necesito nada. Gracias, señores. He
sido escritor famoso y ya no lo soy. No soy ni escritor
ni famoso." José Martínez Ruiz, Azorín, *Madrid*, 1940.
  - "La felicidad consiste no en tener mucho, sino en
    un equilibrio entre necesidades y medios para satisfacerlas." Luis Racionero, *Guía práctica para insatisfechos*, 1997.

- **Necesitar.** "No te olvides: aquel tiene más que necesita menos. No te crees necesidades." José María Escrivá
de Balaguer, *Camino*, 1965.

- **Negocios.** "Ni los filósofos ni los poetas tienen fama
de buen sentido en los negocios, sino que más bien se
los presenta como inválidos niños grandes." Fernando
Savater, *El jardín de las dudas*, 1993.
  - "Leer y escribir mucho, comprar y vender castellano. No veía otro negocio en mi vida." Francisco
    Umbral, *Los cuadernos de Luis Vives*, 1996.

- **Neutralidad.** "La neutralidad en el concepto político
ha terminado, porque la neutralidad es ilícita, va contra
el derecho natural de los pueblos." Victoria Kent, *Cuatro años en París, 1940-1944*, 2007.

- **Niñez.** "Cuanto más años vivo más aprecio los recuerdos de la niñez." Julio Caro Baroja, *Los Baroja*, 1972.

- **Nobleza.** "Para mí, nobleza es sinónimo de vida esforzada, puesta siempre a superarse a sí misma, a trascender de lo que ya se es hacia lo que se propone como
deber y exigencia." José Ortega y Gasset, *La rebelión de
las masas*, 1929.

– "La nobleza en el hombre, como en su hermano mayor el animal, es, ante todo, un privilegio de obligaciones." José Ortega y Gasset, *Meditación del pueblo joven y otros ensayos sobre América*, Revista de Occidente, 1981.

- **Nostalgia.** "La nostalgia es la tristeza que se aligera." Enrique Vila-Matas, *Suicidios ejemplares*, 1991.

  – "Hay un tesoro enorme y finísimo que los dioses han negado a la juventud: la nostalgia." César González Ruano, "Viaje a un mundo muy hondo", Pueblo, 21/1/1956, *Obra periodística*, (1943-1965), II, 2003.

  – "Nada hay más frustrante que la nostalgia de un pasado que no volverá. Es totalmente inútil y produce melancolía." Rosa Díez, *Porque tengo hijos*, 2006.

- **Noticias.** "… y me cuento también con quienes sospechan que el noventa y nueve por ciento de los datos, rumores y noticias recogidos y difundidos por la prensa, la radio y la televisión son, sencillamente, falsos." Fernando Sánchez Dragó, *Libertad, fraternidad, desigualdad*, 2007.

  – "… se dan una serie de noticias acumuladas en vez de facilitar al estudiante las herramientas para su trabajo." Julio Caro Baroja en Salvador Jiménez, *Españoles de hoy*, 1966.

  – "Existen noticias que son como poemas y poemas que sirven para explicar noticias." Xavier Mas de Xaxàs, *Mentiras*, 2005.

- **Novedad.** "Al hombre le interesa la novedad, en virtud de mil conveniencias vitales, y suele estar siempre pronto a percibirlas." José Ortega y Gasset, "Corazón y cabeza." La Nación, Bs. As., julio, 1927, en *Ideas y creencias*, 1940.

- "Todo es, naturalmente, convencional si se considera que las antigüedades de hoy fueron novedades de ayer y que las novedades de ahora serán antigüedades de mañana." César González Ruano, "Feria de antigüedades", ABC, 27/6/1958, *Obra periodística*, (1943-1965), II, 2003.

- **Nubes.** "Si alguien ha sido alguna vez capaz de percibir, en un momento de su vida, la individualidad de una nube, la originalidad de una nube, el sentido y misión de una nube, este es nuestro Autor." Eugenio d'Ors, *Las cien más bellas glosas de Eugenio d'Ors*, 1989.

O

- **Obedecer.** "A quien no le gusta obedecer, tampoco le gusta mandar." Fernando Sánchez Dragó, *Libertad, fraternidad, desigualdad*, 2007.

  - "…los alemanes han descubierto algo tan sencilloy práctico como que obedecer es mucho más cómodo que mandar." José María Carrascal, *El mundo visto a los 80 años*, 2014.

- **Objetividad.** "El escritor pone siempre sus ideas, su mentalidad. Es difícil ser objetivo. Todos cargamos el acento." Julio Caro Baroja en Salvador Jiménez, *Españoles de hoy*, 1966.

  - "No soy objetivo, pero sí leal; y amo a mis antiguos enemigos como a mí mismo…" Rafael García Serrano, *Diccionario para un macuto*, 1979.

– "Parece haberse olvidado que todos hablamos desde la subjetividad, que esa es la manera más honrada de hacerlo y que no existe la objetividad absoluta." Javier Marías, *Harán de mí un criminal*, 2003.

– "… otros tiempos vendrán y las cosas se verán con algo más de objetividad." Joaquín Leguina, *Tu nombre envenena mis sueños*, 1992.

• **Obligaciones.** "Nada se puede esperar de hombres que no sientan el orgullo de poseer más duras obligaciones que los demás. La nobleza en el hombre, como en su hermano mayor el animal, es, ante todo, un privilegio de obligaciones." José Ortega y Gasset, *Meditación del pueblo joven y otros ensayos sobre América*, Revista de Occidente, 1981.

• **Obras.** "… se es hijo de las propias obras, pero nadie es padre de sí mismo." Rafael Borràs Betriu, *La batalla de Waterloo*, 2003.

– "Los hombres quieren afirmarse, no sólo con sus obras, sino con su presencia y en cuanto se reúnen se estimulan a hablar mutuamente." Ramiro de Maeztu, *Autobiografía*, (Editora Nacional) 1962.

• **Obsesiones.** "… la obsesión más antigua del hombre: la de ser amparado, la de adorar a algo superior, a alguien superior, que a él le conviene que exista para no quedar absolutamente solo…" Antonio Gala, *El manuscrito carmesí*, 1990.

– "… es la insatisfacción hacia la propia vida, uno se encierra en los libros como el que se pica con caballo o le da al canuto." Antonio Muñoz Molina en Juan Ramón Iborra, *Confesionario*, 2001. [*Caballo* heroína.]

- **Obstinaciones.** "Las obstinaciones hay que saber llevarlas con decoro o al menos con apariencia." J. A. Gabriel y Galán, *La memoria cautiva*, 1981.

- **Ocio.** "El fin de la vida es la contemplación; y no hay contemplación sin ocio." Salvador de Madariaga, *Cosas y gentes, II,* 1979.

  - "… lo lógico sería no hacer nada, pero, desgraciadamente, la existencia tiene exigencias permanentes, compromisos establecidos, que no inclinan precisamente al lujo del ocio." César González Ruano, "Gimnasia y capricho intelectual", Pueblo, 15/9/1956, *Obra periodística*, (1943-1965), II, 2003.

- **Odiar.** "Odiar es un talento que se aprende con los años." Carlos Ruiz Zafón, *La sombra del viento*, 2001.

- **Ofender.** "… quisiera recordarles algo de importancia capital: No ofende aquel que quiere sino el que puede." Begoña Aranguren, *Memorias de Emanuela de Dampierre*, 2003.

- **Olores.** "El olor es la música de las cosas sin música. Y de las personas." Francisco Umbral, *Los cuadernos de Luis Vives*, 1996.

- **Olvido.** "Sabemos que el olvido y la desmemoria forman partre de la estrategia del vivir." Juan Marsé, Discurso Premio Cervantes, 2009.

  - "Cuanto más parece que se acelera el tiempo, más rápido actúa el olvido." Antonio Muñoz Molina, *Todo lo que era sólido*, 2013.

  - "Y el olvido se me antoja que es una forma de traición, una deformación de la realidad." Paco Rabal, *Si yo te contara*, 1994.

- "El tiempo no trae el olvido. Lo que trae es una sensación de conformidad y la costumbre de vivir con el muerto a cuestas." Miguel Delibes en Juan Ramón Iborra, *Confesionario*, 2001.

- "Cuesta mucho entrar en la zona del olvido, porque el olvido no viene cuando se le llama, cuando lo necesitamos; el olvido viene cuando quiere." Victoria Kent, *Cuatro años en París, 1940-1944*, 2007.

- "Es importante la buena memoria, pero más valioso aún es el buen olvido." Antonio Muñoz Molina, *La vida por delante*, 2002.

- **Oportunidad.** "El secreto de la oportunidad es llegar a tiempo." César González Ruano, "Prisa, piquería e impaciencia", ABC, 25/10/1959, *Obra periodística*, (1943-1965), II, 2003.

  - "Pero tengo para mí que el bochorno que *la opinión pública* padece en estos momentos (…) no es más que el resultado de un mal camino que se prolonga ya más allá de una década peligrosamente." J. J. Armas Marcelo, *Tal como somos*, 1996.

- **Optimismo.** "… el pesimismo y el optimismo son resultados orgánicos como las buenas o malas digestiones." Pío Baroja, *El árbol de la ciencia*, 1911.

  - "El optimismo y el pesimismo determinan una actitud mental." Victoria Kent, *Cuatro años en París, 1940-1944*, 2007.

- **Oración.** "¿Qué mejor oración que ser buenos, ser amorosos y generosos?" Juan Ramón Jiménez, *Y para recordar por qué he venido*, 1990.

- "La paciencia es también un modo de oración, y puede serlo egregio cuando se combina con una visión certera y lúcida del tema planteado." Leopoldo Panero, *Obras completas, II*, 1973.

- **Orden.** "El orden es siempre el resultado de una intervención inteligente en las cosas que pasan." Salvador de Madariaga, *Cosas y gentes, II,* 1979.
  - "En el fondo todo está en perfecto y triste orden." Enrique Vila-Matas, *Suicidios ejemplares*, 1991.
  - "El orden tiene un origen pragmático: no se puede ser eficaz sin un cierto orden." José Antonio Marina, *Memorias de un investigador privado*, 2003.
  - "El orden no es más cosa que el hallazgo de la clave del caos." Camilo José Cela, Prólogo a José Gutiérrez-Solana, *Obra literaria I*, 1998.

- **Orgullo.** "Con los años aumenta el orgullo y por tanto disminuye la vanidad." Fernando Savater, *Mira por donde, autobiografía razonada*, 2003.

- **Ovejas.** "...quien ha nacido para oveja, es feroz con todo lo que difiere de su rebaño." Fernando Savater, *El jardín de las dudas*, 1993.

P

- **Pacifismo.** "Está bien que el hombre pacífico se ocupe directamente de evitar esta o aquella guerra; pero el pacifismo no consiste en eso, sino en construir la otra forma de convivencia humana que es la paz." José Ortega y Gasset, *La rebelión de las masas*, 1929.

- **Pájaros**. "Más vale soltar el pájaro que tenerlo en la mano." Ramón Gómez de la Serna, *Greguerías*, 1979.
- **Paradoja.** "El mundo es una paradoja; o mejor decir, una contradicción incomprensible…" Felipe Trigo, *El domador de demonios,* 1917.
  - "Paradoja: para vivir hay que morir." José María Escrivá de Balaguer, *Camino*, 1965.
- **Parejas.** "La pareja debe ser libre y no debe ser ni de hecho ni de derecho." Luis Antonio de Villena, en Javier Gurruchaga, *Garras humanas*, 1999.
  - "La relación sentimental de pareja no dura toda la vida." Rafael Santandreu, La voz de Galicia, 04/04/2017
- **Pasar.** "Pero los hombres pasan y las sociedades quedan." Salvador de Madariaga, *De la angustia a la libertad,* 1955, 1967.
- **Pasear.** "Ya no paseamos: Ése es un lujo extinguido, desterrado de la vida contemporánea del hombre. Sólo los que son muy pobres pueden permitirse ese lujo. Camino llevamos de que algún día ocurra la mismo con el Amor." César González Ruano, "La muerte en cada esquina", Pueblo, 7/7/1956, *Obra periodística,* (1943-1965), II, 2003
- **Pasiones.** "Una persona vale por las pasiones que tiene." José Villacís, Gestiona Radio, Programa de Javier Gª Mateo, 15 dic., 2017.
  - "Las pasiones, el miedo o la ambición pueden cambiar el curso de los acontecimientos, pero nada puede alterar esa llegada inesperada y fatal de la muerte." Pedro G. Cuartango, "Carácter y destino", El Mundo, 3/1/2008.

- **Pecado.** "La religión y la moral vieja gravitan todavía sobre uno…, no puede uno echar fuera completamente el hombre supersticioso que lleva en la sangre la idea del pecado." Pío Baroja, *El árbol de la ciencia*, 1911.

- **Pedantes.** "A los sistemáticos y a los pedantes no les gusta la crítica." Pío Baroja, *La guerra civil en la frontera*, 1940-45.

- **Peligros.** "La destrucción de la libertad se suele llevar a cabo barajando falacias y sofismas sobre sus supuestos peligros." Salvador de Madariaga, *Cosas y gentes, II*, 1979.

- **Pena.** "… quien no conoce la risa es susceptible de conocer la pena, y ésta es aún más compleja." Javier Marías, *Harán de mí un criminal*, 2003.

- **Pensar.** "Pensar es hablar consigo mismo." Miguel de Unamuno, *Del sentimiento trágico de la vida*, 1913.
  - "Cuando nos recluimos a pensar en nosotros mismos sólo pensamos, como mucho, en nuestras cosas. Lo malo de pensar es que no hay pensamientos, sino cosas." Francisco Umbral, *Diario político y sentimental*, 1999.
  - "Pensar es ocuparse antes de ocuparse; es preocuparse de las cosas." José Ortega y Gasset, *Mirabeau o el político*, 1927.
  - "… el bien decir no es otra cosa que el bien pensar. Bien concebido, bien dicho." Salvador de Madariaga, *Cosas y gentes, II*, 1979.

- **Perdedores.** "El perdedor, tanto en el juego como en la vida, necesita rodearse de elementos que representen su derrota como un signo de injusticia y de impiedad: humo, alcohol, habitaciones clandestinas, mujeres de labios rojos y una cierta sensación de indefensión." Julio Llamazares, *En Babia*, 1991

- **Perderse.** "Más vale volver atrás que perderse en el camino." Marta Portal, *A tientas y a ciegas*, 1966.
- **Perdonar.** "No perdones a tus hijos, servidores y amigos la primera falta grave si no quieres ser víctima de la última." Santiago Ramón y Cajal, *Charlas de café*, 1921.
- **Pereza.** "La pereza es uno de los pecado capitales, junto a la envidia y la iracundia." Fernando Sánchez-Dragó, El Español, 17/08/2016.
  - "… uno de los rasgos fundamentales de nuestro pueblo, desde que a mediados del reinado de Felipe II inicia su decadencia, es la pereza." Gregorio Marañón, *El Conde-Duque de Olivares*, 1936.
  - "Así habla muchas veces la pereza, disfrazada de modestia." Santiago Ramón y Cajal, *Los tónicos de la voluntad*, 1912.
  - "Sólo en un ambiente de idílica pereza se puede también trabajar a gusto." César González Ruano, "La muerte en cada esquina", Pueblo, 7/7/1956, *Obra periodística*, (1943-1965), II, 2003.
- **Perplejidad.** "Siempre creí que yo no me dejaría vencer por la adversidad, pero hoy día voy sintiéndome vencida por la perplejidad." Rosa Chacel, *Alcancía vuelta*, 1982.
- **Perros.** "Por los perros tengo, más que nada, compasión. Este entusiamo que tienen por un animal tan dañino como el hombre me da la impresión de poca inteligencia y de poco instinto." Pío Baroja, *Desde la última vuelta del camino, I*, 2006.

– "En qué se fundarán esos imbéciles para creer que vale más un ser humano –embriones incluidos- que la lealtad, la honradez y los sentimientos de un buen perro." Arturo Pérez Reverte, *No me cogerás vivo, 2001-2005)*, 2005.

– El perro es un camarada, un amigo, un tipo que menea el rabo al compás de nuestras alegrías y lo esconde entre las patas cuando también andamos mustios o atacados de miedo." Rafael García Serrano, *Diccionario para un macuto*, 1979.

- **Personajes.** "Porque me encierro en mi despacho y, como tengo siempre veintisiete personajes que están viviendo conmigo, me pongo a escribir." Alberto Vázquez-Figueroa en Juan Ramón Iborra, *Confesionario*, 2001.

  – "Nuestra memoria está repleta de personajes e historias que nos contamos para no dormir." Miguel Sánchez-Ostiz, *Las estancias del Nautilus*, 1997.

- **Personas.** "… siento mucho más agrado estudiando personas que leyendo documentos." Antonio Vallejo-Nágera, *Yo, el rey*, 1985.

  – "… soy de los que creen que las pintas de las personas, y su manera de expresarse, dicen mucho acerca de ellas." Javier Marías, *Los villanos de la nación*, 2010.

- **Perversiones.** "Entiendo la homosexualidad como entiendo todas las variantes sexuales. Pienso que no hay perversiones, pues que todo nace espontáneo de la naturaleza." Francisco Umbral, *Los cuadernos de Luis Vives*, 1996.

- **Pesimistas**. "Soy, efectivamente, un pesimista teórico respecto al cosmos. No creo que la vida tenga objeto fuera de sí misma." Pío Baroja, *Desde la última vuelta del camino, I*, 2006.
    - "Ya sabe usted lo que dicen, que el pesimista es un optimista bien informado." Miguel Delibes en Juan Ramón Iborra, *Confesionario*, 2001.
    - "El optimismo y el pesimismo determinan una actitud mental." Victoria Kent, *Cuatro años en París, 1940-1944*, 2007.
- **Pintores.** "Un pintor, aunque copie, siempre, claro está, pinta de memoria." Juan Ramón Jiménez, *Y para recordar por qué he venido*, 1990
- **Placebo.** "… placebo es lo intangible que hace que realmente nos sintamos mejor." Albert Figueras, Entrevista de Virginia Ródenas, ABC, 27/12/2007.
- **Planeta.** "En el nombre del desarrollo y el progreso estamos cargándonos nuestra propia casa, el planeta Tierra." Sergio Durany, El País, Negocios, 12/8/2007.
- **Plasticidad del cerebro.** "Las conexiones entre neuronas son plásticas y se modifican en función de las demandas del ambiente." Rafael Yuste, Entrevista, ABC Ciencia, 22/03/2014.
- **Pobreza.** "La pobreza es la violación más grande de los derechos humanos." Vicente Ferrer, *El poder de la acción*, 2012.
    - "Vienen juntas siempre, la esclavitud y la pobreza. Entre las dos nos quitan, la ilusión, la alegría y la esperanza." Jaime Campmany, *Doy mi palabra*, 1997.

- "Los temas tradicionales (…) pudieran resumirse en dos: la pobreza y la holgazanería. Y aun esos otros dos: la ignorancia y la envidia." Camilo José Cela, *Cuatro figuras del 98 y otros retratos y ensayos españoles*, 1961.

- **Poderosos.** "El poderoso siempre te da la mitad de lo que te podría dar." Francisco Umbral, *Diario político y sentimental*, 1999.

- **Poesía.** "La poesía es básica para la humanidad pues es una de las formas imprescindibles del pensamiento." César Antonio Molina, "Soledad y solidaridad", Elmundo.es 9 junio, 2017.
  - "La poesía parte de esto, de captar lo visible y lo invisible, la realidad interior y la exterior." Clara Janés, Entrevista, El País, 6 junio, 2011.
  - "La poesía nos libera. ¿De qué? De la pesadez, de la desidia, de la desesperanza." José Antonio Marina, *Memorias de un investigador privado*, 2003.

- **Popularidad.** "Bueno, Larra quedó. Y González-Ruano quedó. Pero, ¿qué es quedar? Ortega puede ser el que más ha quedado, y hoy nadie habla de Ortega. La gente de la calle no conoce ni a los que han quedado." Francisco Umbral, El Cultural, 17/3/2005.

- **Pordioseros.** "Nací pobre, y me he dedicado toda la vida a un oficio de pordioseros, el de emborronador de papeles…" Fernando Savater, *El jardín de las dudas*, 1993.

- **Porvenir.** "Comprendió… que las mujeres solían apostarlo todo a una carta: su porvenir y la solución de un problema social y sexual." Concha Alós, *Las hogueras*, 1964.

- "El porvenir es un mundo desconocido, un inmenso país extranjero en el que, sin embargo, adquieren a veces la ciudadanía algunas obras o algunos recuerdos o sueños de los muertos." Antonio Muñoz Molina, *La vida por delante*, 2002.

- **Posponer.** "Aplazar los asuntos es una manera de matarlos despacio." Carlos Marzal, *Electrones*, 2007. [De un libro de aforismos.]

- **Práctica.** "Reconozco lo difícil que es aplicar en la práctica los principios más claros…" Salvador de Madariaga, *De la angustia a la libertad*, 1955, 1967.

- **Precisión.** "… me educaron en el afán de la precisión y la sobriedad verbal…" Fernando Savater, *El jardín de las dudas*, 1993.

- **Preferir.** "Dime lo que prefieres y te diré quién eres." José Ortega y Gasset, *Kant*, 1924.

- **Prejuicios.** "¿Tenemos prejuicios? (…) Puede que a usted le resulte doloroso, pero debemos darle una mala noticia: está usted lleno de prejuicios." Eduardo Punset, *El alma está en el cerebro*, 2006.

- **Prensa.** "Más que el cuarto poder, la Prensa es el cuarto querer y no poder." Chumy Chúmez, *De su propia cosecha*, 2007.

  - "Examinada con atención la crítica periodística que se hace a las obras inspiradas en el bien público por los amanuenses de las grandes empresas de publicidad que llamamos Prensa, se advierte que los pueblos son educados para la servidumbre y para rechazar, en consecuencia, aquellas obras que pudieran esclarecer su inteligencia o dotarlos de instrumentos eficaces de liberación." Ezequiel Martínez Estrada, "Prólogo inútil", *Antología*, 1964.

- **Prevenir lo inevitable.** "Nadie puede prevenir ni evitar las tormentas. Y sería peregrina locura intentar parar el sol o esforzarse en detener el eterno fluir de la vida." Claudio Sánchez Albornoz, *Confidencias*, 1979.

- **Primavera.** "La primavera… es nómada por definición y por decisión del Olimpo." Fernando Sánchez Dragó, *Libertad, fraternidad, desigualdad*, 2007.

  - "¿Por qué, por qué los árboles tienen tantas primaveras en su vida y el hombre sólo una? ¿Por qué esa única primavera humana les es destrozada y arrebatada a tantos?" José Luis Sampedro, *El caballo desnudo*, 1970.

- **Principios**. "Todo se puede hacer con los principios. Todo sin excepción." Salvador de Madariaga, *Cosas y gentes, II,* 1979.]

  - "Vivimos de principios, somos menesterosos de principios, de orígenes, de amaneceres, de deslumbrantes comienzos." Francisco Umbral, *Diario político y sentimental*, 1999.

  - "Principios: costumbres canonizadas." Salvador de Madariaga, *Cosas y gentes, II,* 1979.

- **Prisioneros.** "Somos prisioneros de nuestra patria o somos prisioneros en la patria de otros hombres: el hombre se encuentra prisionero de un Estado que él había formado para que le protegiera. Para que protegiera su vida y salvaguardara su libertad…" Victoria Kent, *Cuatro años en París, 1940-1944*, 2007.

- **Problema vital.** "… único verdadero problema vital, del que más a las entrañas nos llega, del problema de nuestro destino individual y personal, de la inmortalidad del alma." Miguel de Unamuno, *Del sentimiento trágico de la vida en los hombres y en los pueblos*, 1913.

- **Proclamar.** "No basta con proclamar las cosas, sino que hay que hacerlas." Julián Marías, *Una vida presente*, 2008.

- **Procrastinar.** "Aplazar los asuntos es una manera de matarlos despacio." "El pasado acostumbra a esperarnos siempre, sólo que por detrás." Carlos Marzal, *Electrones*, 2007. [De un libro de aforismos.]

- **Profesionales.** "O te conviertes en el profesional serio de una cosa o de otra, eso que decía Jardiel Poncela de Marañón: Como médico es muy buen escritor." Fernando Savater en Javier Gurruchaga, *Garras humanas*, 1999.

- **Progresistas.** "Lo que sucede a nuestros progresistas es que no progresan." Jaime Campmany, *Doy mi palabra*, 1997.

- **Progreso espiritual.** "El progreso espiritual del hombre y del conjunto de los seres humanos tiene lugar en el campo de batalla del mundo tal cual es." Vicente Ferrer, *El poder de la acción*, 2012.

- **Pronósticos.** "Los pronósticos tienen como riesgo principal el equivocarse." César González Ruano, "Puede que sí, puede que no", Pueblo, 20/10/1952, *Obra periodística*, (1943-1965), II, 2003.

- **Propiedad.** "Nuestra verdadera y única propiedad son los huesos." Ramón Gómez de la Serna, *Greguerías*, 1979.

- **Proselitismo.** "Como todo el que cree hallarse en posesión de la verdad tiene cierta tendencia al proselitismo." Pío Baroja, *El árbol de la ciencia*, 1911.

- **Protagonismo.** "Personas corrientes, incluso vulgares, a quienes las circunstancias confieren un protagonismo efímero." José María de Areilza, *Paisajes y semblanzas*, 1988.

  – "Nadie, en este cotidiano teatro del absurdo, es capaz sinceramente de ejercer el papel que le corresponde. Todo el mundo anhela otra cosa, otro protagonismo, otra interpretación en la gran obra que todos representamos." J. J. Armas Marcelo, *Tal como somos*, 1996.

- **Providencia.** "Mi firme fe en las misteriosas intervenciones en mi vida de la providencia, tantas veces activa en el curso de mi ayer, me ha suscitado estos días inquietud. Me preocupa un aparente azar que otra vez se ha cruzado en mi camino." Claudio Sánchez Albornoz, *Confidencias*, 1979.

  – "La Providencia es la mano de Dios escapándose de sí mismo, del cielo, para intervenir en la tierra y ayudarnos un poco." Vicente Ferrer, *El poder de la acción*, 2012

- **Psicoanalistas.** "Como psicoanalista de alpargatas, no sabría qué decirte." Fernando Savater en Javier Gurruchaga, *Garras humanas*, 1999.

  – "Freud fue un gran escritor y un fabuloso investigador de sí mismo, pero quizás exageró al aplicar sus descubrimientos al resto de la humanidad." Jorge Volpi, El País, 21 marzo, 2012.

- **Psiquiatras.** "Yo no necesito psiquiatras para entenderme con mi subconsciente." María Martínez Sierra, *Una mujer por caminos de España*, 1989.

- **Publicar.** "Lo problemático, pues, no radica en el acto de escribir, sino en el de publicar." Fernando Sánchez Dragó, *Libertad, fraternidad, desigualdad*, 2007.

  - "… llega un momento en el que uno tiene la necesidad de publicar. Y no es por vanidad." Antonio Muñoz Molina en Juan Ramón Iborra, *Confesionario*, 2001.

- **Pueblos.** "Cada pueblo tiene su destino; y cada destino tiene su hora." Salvador de Madariaga, *Cosas y gentes, II*, 1979.

  - "Los pueblos débiles no podemos permitirnos el juego limpio. Especialmente cuando los fuertes son tan sucios." Terenci Moix, *No digas que fue un sueño*, 1986.

  - "Los pueblos envejecen igual que las personas." Antonio Vallejo-Nágera, *Yo, el rey*, 1985.

  - "-Yo se lo debo todo al pueblo. -¡Pues devuélveselo!" Chumy Chúmez, *De su propia cosecha*, 2007.

Q

- **Quejicas.** "No como otros que yo me sé, que cuando les pinchan un dedo llaman a su mamá. Las gachís nunca llaman a su mamá: ellas son su mama." Arturo Pérez-Reverte, *Con ánimo de ofender, (1998-2001)*, 2001.

  - "Es enorme, en España, el número de bocazas por kilómetro cuadrado, y el número de quejicas es infinito…" Ignacio Vidal-Folch, "Ganas de hablar", El Mundo, 03/09/2017.

- **Quijote.** "Es frecuente encontrar en Madrid personas que no han leído el *Quijote* ni tienen idea de Shakespeare…" Pío Baroja, *Desde la última vuelta del camino, II,* 2006.
  - "… *el Quijote* es un libro que lo puede leer cualquier persona, que en su día se leyó muchísimo, y que es a la vez un libro complejísimo." Javier Marías en Juan Ramón Iborra, *Confesionario,* 2001.
  - "No existe libro alguno cuyo poder de alusiones simbólicas al sentido universal de la vida sea tan grande, y, sin embargo, no existe libro alguno en que hallemos menos anticipaciones, menos indicios para su propia identificación." José Ortega y Gasset, *Meditaciones del Quijote,* 1914.
  - "El Quijote es la biblia del individualismo." Federico de Onís, Ensayos, "Disgregación indivuadualista", 1920.

R

- **Raro.** "… lo disparatado obedece a leyes precisas; la existencia más aventurera, más incongruente, más copiosa en fonambulescos altibajos, es ordenada como el vivir del campesino… Lo raro no existe." Eduardo Zamacois, *La cita,* 1907.
- **Raza**. "Es bueno recordar que la infamia existe, que siempre acecha un vil mierdecilla dispuesto a cargárse-

lo todo con el pretexto de la religión, la raza, la nación, la lengua o el chichi de la Bernarda." Arturo Pérez-Reverte, *Con ánimo de ofender, (1998-2001)*, 2001.

- "La lengua es la sangre espiritual de la raza. (…) Y la lengua no es sólo el instrumento de transmisión de toda esta cultura acumulada, sino que ella misma es la creación más genuina y original del espíriti colectivo de la raza." Federico de Onís, Ensayos, "El Quijote y el descubrimiento de América", 1920.

• **Realidad.** "La realidad es un mundo contingente donde cada color es como es." Manuel Alvar, *Pasos de un peregrino*, 1991.

- "La realidad no es cosa, sino afán." José Ortega y Gasset, *Kant*, 1924.

- "La realidad siempre nos traiciona; lo mejor es no darle tiempo y traicionarla antes a ella." Javier Cercas, *Soldados de Salamina*, 2001.

- "La realidad es una cabronada." Gregorio Morán, Entrevista, ElDiario.es, 02/12/2014.

- "Cuando algo que fue ideal se hace ingrediente de la realidad, inexorablemente deja de ser ideal." José Ortega y Gasset, *La rebelión de las masas*, 1929.

- "No cedan a la tentación de aborrecer la realidad; no cedan a la tentación de lamentarse: aunque crean que es el Apocalipsis, no es el Apocalipsis; aunque sientan ganas de llorar, no lloren." Javier Cercas, "Seacabó", El País Semanal, 12/8/2007.

- "La realidad se compone de lo que existe y de las posibilidades que nosotros alumbremos en ella."

José Antonio Marina, *Memorias de un investigador privado*, 2003.

- **Rebelarse.** "¿Cómo se va a rebelar uno, cuando necesita el sueldo para mantener a la familia?" Rafael Azcona, *El pisito*, 1957.
  - "En este valle de lágrimas faltan dos cosas: salud para rebelarse y decencia para mantener la rebelión." Camilo José Cela, *La colmena*, 1951.
- **Recordar.** "… hay personas que creen que uno no recuerda." Antonio Muñoz Molina en Juan Ramón Iborra, *Confesionario*, 2001.
  - "Recordar es un milagro tan sorprendente como el de crear desde el momento que nos permite volver a la realidad soñando." Juan Fernández Santarén, Introducción a Santiago Ramón y Cajal, *Recuerdos de mi vida*, 2006. Publicado en 1901.]
  - "¿recuerdo fidedignamente todo lo que yo digo que recuerdo?" J.M. Caballero Bonald, *La novela de la memoria*, 2010
- **Rectificar.** ese no saber rectificar, el no aceptar que las cosas cambian, cuando todo el mundo es cambio y mudanza." Manuel Augusto García Viñolas en Salvador Jiménez, *Españoles de hoy*, 1966.
- **Redes sociales.** "Lo más fascinante de las redes sociales no es su reflejo de la realidad, sino la faceta dislocada, absurda a menudo, que de ella muestran." Arturo Pérez-Reverte, "Echando más pan a los patos." XLSemanal, Oct., 2016.
  - "Las redes sociales están conformando unos individuos muy vulnerables porque se diluyen en la red." José Antonio Marina, Qué, 16/02/2018.

- **Reflexión.** "La acción es enemiga de la reflexión." Almudena Grandes, *El corazón helado*, 2007.

- **Refranes.** "Refranes, regurgitación de saberes populares, apolillados pensamientos del tatarabuelo del tatarabuelo, emitidos siglos después sin esfuerzo mental." Fernando Aramburu, *Ávidas pretensiones*, 2014.

  – "El refranero de un pueblo no es, como se ha dicho alguna vez, muestra de su sabiduría; más bien lo es de sus instintos, a menudo bastante bajos." Fernando Díaz Plaja, *El español y los siete pecados capitales*, 1966.

- **Regionalismo.** "El regionalismo tiene en todas partes un defecto fundamental (…) el de sustituir con un problema casero los grandes problemas sociales de nuestro siglo." Julio Camba, *El Mundo*, 22/7/1909.

- **Reinventarse.** "Siempre que sufrimos algún embate serio en la vida, estamos llamados a renacer de nuestras cenizas, a reinventarnos." Pablo D'Ors, *Biografía del silencio*, 2012.

- **Relación de pareja.** "¿Qué espero de una relación de pareja? Bienestar físico y emocional, y un sentimiento de vitalidad, ánimo y energía provocado por el aumento de mis posibilidades." José Antonio Marina, *Memorias de un investigador privado*, 2003.

- **Releer.** "Pero lo que más me deslumbraba es que todos, al mencionar a alguien famoso, nunca decían *Estoy leyendo ahora a Proust*, por ejemplo, sino *Estoy* releyendo *a Proust*… Luego descubrí que era mentira, que auel señor era la primera vez que abría un libro del creador de *A la sombra de las muchachas en flor*, pero que no se atrevía a decirlo." Fernando Díaz Plaja, *El viaje de mi vida*, 1999. [Atribuye estas palabras Fernando Fernán Gómez.]

  – "Las grandes obras están hechas, tanto o más que para ser leída, para ser releídas." Javier Rodríguez Marcos, "Ventanas al pasado", Babelia, 29/12/2007.

- **Relojes.** "El reloj no existe en las horas felices." Ramón Gómez de la Serna, *Greguerías*, 1979.

  – "Los relojes buenos e importantes son los únicos que en las malas rachas se negarán a marcar la hora de nuestra miseria." César González Ruano, "Los relojes", Pueblo, 5/11/1958, *Obra periodística*, (1943-1965), II, 2003.

- **Renacer.** "Siempre que sufrimos algún embate serio en la vida, estamos llamados a renacer de nuestras cenizas, a reinventarnos." Pablo D'Ors, *Biografía del silencio*, 2012.

- **Rencorosos.** "Yo no soy rencoroso, pero a mí el que me la hace me la paga." Fernando Díaz Plaja, *El español y los siete pecados capitales*, 1966. [Atribuye esta frase a Niceto Alcalá Zamora.]

- **Renovación.** "No hay verdadera y fecunda continuación sin que algo sea renovado. En este renovarse de las cosas cobran las cosas mayor vitalidad." José Martínez Ruiz, Azorín, *Madrid*, 1940.

- **Renunciaciones.** "El viajero es un hombre con una vida tejida de renunciaciones." Camilo José Cela, *Viaje a la Alcarria*, 1948.

  – "Renuncia cada vez más fácilmente a lo que ya no le pueden dar. Y miente diciendo la verdad." Fernando Arrabal, *Diccionario pánico*, 2007.

– "No hay libertad, originalidad. Vivir es adaptarse: adaptarse es dejar que el contorno material penetre en nosotros, nos desaloje de nosotros mismos. Adaptación es sumisión y renuncia." José Ortega y Gasset, *Meditaciones del Quijote*, 1914.

- **Repartir.** "Mientras hubiera que repartir, todos contentos." Emilio Romero, *La paz empieza nunca*, 1957.

- **Reposo.** "Sólo las cabezas sencillas, o las ayunas de curiosidad filosófica o científica, gozan del reposo y la fe." Santiago Ramón y Cajal, *Recuerdos de mi vida*, 2006. [Publicado en 1901.]

- **Resentimiento.** "Quien se haya poseído por el odio, por la envidia o por el resentimiento, transfiere al mundo exterior su propio estrago y niega la hermosura de los seres y la bondad de las acciones o se reconcome ante una lagría ajena…" José Luis L. Aranguren, *Talante, juventud y moral*, 1975.

- **Resistir.** "Y el que resiste gana, sin género de dudas. Lo que pasa es que ahora resistir cuesta mucho trabajo y dan ganas de tirar la toalla y abandonar todo." Camilo José Cela, El Mundo, 30/4/1999.

  – "… existir es resistir, hincar los talones en tierra para oponerse a la corriente. En una época como la nuestra, de puras corrientes y abandonos, es bueno tomar contacto con hombres que no *se dejan llevar*." José Ortega y Gasset, *La rebelión de las masas*, 1929.

- **Respeto.** "… el primero y más sagrado e inalienable derecho de una persona es ser respetada." José Jiménez Lozano, *Los cuadernos de la letra pequeña*, 2003.

- "El respeto inhibe algunas conversaciones, que no se tienen nunca." Javier Marías, *Corazón tan blanco*, 1992.

- **Respuestas.** "Lo que llamé finalidad humana para mi obra (…) es la necesidad de diálogo que significa una respuesta, aunque sea un improperio." Rosa Chacel, *Alcancía vuelta*, 1982.

- **Revolucionarios.** "La ciencia es más revolucionaria que todas las leyes y decretos inventados e inventables." José Martínez Ruiz, Azorín, *La voluntad*, 1903.
  - "Un revolucionario, camaradas, no tiene nada suyo, ni la vida…" Ángel Mª de Lera, *Las últimas banderas*, 1967.

- **Rezar.** "… el lenguaje sirve para los más diversos usos: para charlar, para pedir y para mandar, para saludar, para teorizar y filosofar también, por supuesto, para agradecer y para maldecir, para muchas cosas más, y, entre ellas, para orar, para rezar." José Luis L. Aranguren, *Talante, juventud y moral*, 1975.

- **Ridículo.** "El temor al ridículo está firme, duramente enraizado en la personalidad española y preside la mayoría de sus reacciones." Fernando Díaz Plaja, *El español y los siete pecados capitales*, 1966.
  - "Soy un hombre capaz de imaginarlo todo. Imagino tanto, que hasta imagino que vamos a hacer el ridículo." Gonzalo Torrente Ballester en Blanca Berasátegui, *Gente de palabra*, 1987.

- **Riqueza.** "Riqueza sin cultura es horterez, con ella es refinamiento." Luis Racionero, *Guía práctica para insatisfechos*, 1997.

- **Ritmo.** "En la vida colectiva, como en la individual, hay un aspecto que se suele pasar por alto: el ritmo." Julián Marías, *Una vida presente*, 2008.

- **Romanticismo.** "… los que no sentís la emoción del fracaso no comprenderéis nunca la esencia del romanticismo." Alejandro Casona, *Nuestra Natacha*, 1936.

  - "Salir fuera de lo conocido y de lo trillado representa en literatura el romanticismo; vivir dentro de lo conocido y de lo experimentado es el clasicismo." Pío Baroja, *Desde la última vuelta del camino, I*, 2006.

- **Ruido.** "El ruido puede al silencio, el grito a la razón y la mentira al abrazo." José Mota,. "Se nos fue Chiquito", El Mundo, 11/11/2017. [Se refiere al fallecimiento del humorista Chiquito de la Calzada.]

  - "La alegría es siempre ruidosa, y el pueblo, que estaba alegre, utilizaba todos los medios de que disponía para hacer ruido." Julio Camba, *El Mundo*, 25/6/1908.

- **Rutina.** "...es preciso combatir la mortal confabulación de la rutina y la pereza. Y mantener, como una rebelde y creadora forma de vida, la clara decisión de no acostumbrarse." José Antonio Marina, *Memorias de un investigador privado*, 2003.

  - "Los hombres se confían cuando hacen algo fuera de la rutina." Tomás Salvador, *El atentado*, 1960.

- **Sabiduría.** "¿Crees en eso que se llama sabiduría popular? No, no creo. En la malicia popular, sí." Antonio Mingote en Salvador Jiménez, *Españoles de hoy*, 1966.
  - "...la sabiduría que sale de las universidades es sólo aparente porque quienes se instruyen en el área de humanidades están desconectados del análisis de las cosas concretas". Manuel Bueno, La Voz de Asturias, 15/2/2002

- **Sacrificio.** "… ¿por qué sacrificar nada a nadie? Cada cual debe vivir como pueda y salir del problema de cada minuto como la vida misma le dé a entender." Ramón J. Sender, *En la vida de Ignacio Morel*, 1969.
  - "La felicidad consiste en dar, en sacar de dentro afuera, en querer, en entusiasmarse, en trabajar por una causa noble, en la fe, en el sacrificio." Ramiro de Maeztu, *Autobiografía*, (Editora Nacional) 1962.

- **Salud mental.** "La salud mental es la habilidad que nos permite amar, trabajar, jugar y utilizar la mente de manera juiciosa." José M. Rodríguez Delgado, *La felicidad*, 1988.

- **Santidad.** "La santidad suele brotar muchas veces así: con la espontaneidad de un manantial que se abre paso por las rendijas o grietas de un seísmo intelectual del alma del ser humano." José María de Areilza, *Paisajes y semblanzas*, 1988.

- **Satisfacción.** "Cuando a uno le salen las cosas bien, cree que todo va bien." Santiago Ramón y Cajal, *Charlas de café*, 1921.

– "La satisfacción no se obtiene en la meta, sino en el camino mismo." Pablo D'Ors, *Biografía del silencio*, 2012.

• **Secretos.** "En poesía no importa tanto aclarar el secreto, como hacerlo evidente, descubrirlo, espresarlo." Juan Ramón Jiménez, *Y para recordar por qué he venido*, 1990.

• **Sediento.** "Dar agua al sediento no es nada. Lo importante sería dar oro al sediento." Ramón Gómez de la Serna, *Greguerías*, 1979.

• **Seducir.** "La vida consiste en hacer balances justos, no pasar por alto lo que se tiene, lo que falta, lo que amenaza, lo que puede sobrevenir. Ejercer la visión rigurosa y el pensamiento alerta sobre todo ello; no dejarse seducir, engañar, falsificar." Julián Marías, *La fuerza de la razón*, 2005.

• **Sensatez.** "La historia demuestra que las épocas en las que se desbordan los límites de la sensatez y se olvidan los principios y fundamentos básicos no duran demasiado tiempo." Antonio Garrigues Walker, ABC, 13.10.2007.

• **Sentido.** "Y en la escuela platónica se nos da como empresa de toda cultura, esta: 'salvar las apariencias', los fenómenos. Es decir, buscar el sentido de lo que nos rodea." José Ortega y Gasset, *Meditaciones del Quijote*, 1914.

  – "El mundo parece tener un sentido; pero nosotros no parecemos capaces de descifrarlo completamente." Salvador de Madariaga, *De la angustia a la libertad*, 1955, 1967.

- **Sentido crítico.** "Perder el sentido crítico es siempre peligroso." José Antonio Marina, *Memorias de un investigador privado*, 2003.

- **Sentido del humor.** "El sentido del humor es una actitud ante la vida en la que el sujeto tiene los ojos muy claros y la mente muy serena." Edgar Neville, ABC, 13 julio 1943.

  - "El sentido del humor es una de las grandes creaciones de la inteligencia, capaz de resolver envenenados problemas de convivencia." José Antonio Marina, *Memorias de un investigador privado*, 2003.

  - "En general, el sentido del humor y la paciencia son atributos de gobernantes liberales y demócratas que llevan con desenvoltura el peso de la púrpura cuando de aguantar críticas feroces se trata, porque la crítica viene con el cargo." Federico Jiménez Losantos, El gorila sordo", El Mundo, 22/11/2007.

- **Sentimental.** "Las mujeres no son sentimentales, salvo en momentos fugaces, y aun entonces sólo para complacer al único ser sentimental que existe en la naturaleza, que es el hombre soltero." Salvador de Madariaga, *Cosas y gentes, II,* 1979.

- **Sentir.** "La gente se empeña en no querer sentir, para poder vivir mejor." Ramiro de Maeztu, *Autobiografía*, (Editora Nacional) 1962.

- **Ser.** "Pensar que somos lo que creemos ser es una de las formas de la felicidad." Enrique Vila-Matas, *Doctor Pasavento*, 2006.

- "Hoy sabemos que seguimos sin ser nada ni nadie: la novedad está en saberlo. Saber que cualquier manera de ser es una pantomima." Salvador Pániker, *Cuaderno amarillo*, 2001.

- "Somos, o mejor, aparentamos, lo que los demás creen que debemos ser." César González-Ruano en Salvador Jiménez, *Españoles de hoy*, 1966.

- **Serenidad.** "Aleja de ti la crispación. Procura estar siempre sereno. Haz tu trabajo sin odio." Cristóbal Zaragoza, *Y Dios en la última playa*, 1981.

  - "La confianza, el optimismo, la gratitud, la generosidad, el perdón, la curiosidad, la esperanza, la fe, el entusiasmo, la humildad, la entrega o la serenidad son, entre tantos otros, poderosos acicates para la realización individual y colectiva." Álex Rovira, "Cuando querer es poder", El País, 4 junio, 2006.

- **Servicio.** "La vida no tiene sabor sin servicio" Jose Ortega y Gasset, *La rebelión de las masas*, 1928.

- **Sexualidad.** "...la experiencia sexual puede llevarnos a un profundo conocimiento del ser humano." Francisco Nieva en Juan Ramón Iborra, *Confesionario*, 2001.

  - "En España las dictaduras siempre han prohibido la lucha de clases y la lucidez sexual." Manuel Vázquez Montalbán, *Mis almuerzos con gente inquietante*, 1984.

- **Sicología.** "...el léxico contiene un completo tratado de psicología popular." José Antonio Marina, *El misterio de la voluntad perdida*, 1997.

- **Significados.** "El significado de las cosas es algo irreal que flota y que cambia." José M. Rodríguez Delgado, *La felicidad*, 1988.

- **Símbolos.** "La condición humana es eternamente permeable a los símbolos que despiertan esperanzas." José María de Areilza, *Paisajes y semblanzas*, 1988.

- **Simpatía.** "La simpatía es inteligencia y sensibilidad, lo que al fin es lo mismo." César González Ruano, "La simpatía," ABC, 18/6/1960, *Obra periodística*, (1943-1965), II, 2003.

- **Simplificar.** "Hay una tendencia cándida a simplificar en ciertas cuestiones sociales y morales." Pío Baroja, "Tema sexual", Obras Completas, VIII, 1980.
  - "Es imposible simplificar sin mentir." Gustavo Bueno, Curso de filosofía de la música, 9/11/2007.
  - "La simplicidad, bien llevada, implica comodidad, tranquilidad y facilidad de comprensión." Álex Rovira, "El lujo de lo esencial", El País, 19 marzo, 2006.

- **Singularidad.** "El escritor, el amante, el músico, el cineasta creador es aquel que sabe subsistir su singularidad intransferible en todas sus manifestaciones, de manera que sus obras terminan siempre teniendo una fisonomía inconfundible y un mismo aire de familia..." Eugenio Trías, *Meditación sobre el poder*, 1977.

- **Sistema.** "El sistema nos ha cercado. Para no angustiarnos en exceso, la cerca que nos rodea y aprisiona es invisible e impalpable, pero no hay escapatoria alguna." Antonio Garrigues Walker, ABC, 13.10.2007.

- "…denuncia que la perfección del sistema está como siempre fundamentada en la represión moral." Luis María Anson, El Cultural, 22-28/11/2007.

- **Sobrevivir.** "Una de las pautas para sobrevivir es imponernos a los infortunios." César Antonio Molina, "Soledad y solidaridad", Elmundo.es 9 junio, 2017.

- **Sociedad.** "¿… ya habéis olvidado lo que es la sociedad? Una pocilga… la moral y la honradez la han echado a perder." Alejandro Casona, *Otra vez el diablo*, 1935.

  - "Pero los hombres pasan y las sociedades quedan." Salvador de Madariaga, *De la angustia a la libertad*, 1955, 1967.

  - "La sociedad necesita de los artistas tanto o más que en épocas pasadas, porque la tecnología se ha desfasado de los valores humanos, las cosas se han subido a la silla y cabalgan sobre nosotros." Luis Racionero, *Guía práctica para insatisfechos*, 1997.

- **Solidaridad.** "La solidaridad no se organiza, y si lo hace, se desvirtúa. (…) La solidaridad, como casi todo, debe crecer libre, espontánea y anárquicamente." Fernando Sánchez Dragó, *Libertad, fraternidad, desigualdad*, 2007.

  - "Y lo que más me contrita es que, en el fondo, no creo en la eficacia de la Solidaridad." Miguel de Unamuno, *Unamuno-Maragall, Epistolario…* 1971.

  - "…se tenía una cierta solidaridad. Había una cierta comunicación y una forma de compartir la alegría y la esperanza. Hoy todo eso se ha venido abajo." Miguel Delibes en Juan Ramón Iborra, *Confesionario*, 2001.

- "Don Quijote no puede en modo alguno tomarse como símbolo de solidaridad, paz y tolerancia." Gustavo Bueno, *España no es un mito*, 2005.

- "El corazón del mundo debe perfeccionarse a través de la solidaridad." Vicente Ferrer, *El poder de la acción*, 2012.

- **Sollozo.** "No hay nada que tranquilice tanto como quince minutos de buen llanto y buen sollozo." Carmen Rico-Godoy, *Cómo ser una mujer y no morir en el intento*, 1990.

- **Soluciones.** "No busques nunca la solución a un problema cuya realidad no hayas comprobado, ni investigues un crimen hasta que aparezca el cadáver." José Antonio Marina, *El misterio de la voluntad perdida*, 1997.

  - "Cada solución engendra problemas." Fernando Arrabal, *Diccionario pánico*, 2007.

  - "La mezquindad, la hipocresía, el deseo de humillar, la tentación de la violencia no tienen solución." Luis María Anson, El Cultural, 22-28/11/2007.

- **Soñar.** "Mejor callar que hablar; mejor soñar que callar; mejor leer que soñar o pensar solo." Juan Ramón Jiménez, *Y para recordar por qué he venido*, 1990.

  - "Ayer soñé que veía / a Dios y que a Dios hablaba; / y soñé que Dios me oía... /Después soñé que soñaba." Antonio Machado, "Ayer soñé que veía", Obras completas, Losada, 1964.

- **Sorpresas.** "Como carajo conseguimos que siempre nos pille por sorpresa todo. Nos sorprende que haya una ola de calor en verano y que venga una ola de frío en invierno, y que en abril caigan aguas mil. (…) Por aquí nadie tiene la culpa." Arturo Pérez Reverte, *No me cogerás vivo, 2001-2005)*, 2005.

- "...la vida está llena de sorpresas, pero es la vida y se impone." José Luis Sampedro, *Real sitio*, 1993.
- "Las grandes sorpresas es preferible que nos asalten yendo solos…" Juan Gil-Albert, *Los días están contados*, 1974.

• **Subconsciente.** "Yo no necesito psiquiatras para entenderme con mi subconsciente." María Martínez Sierra, *Una mujer por caminos de España*, 1989.

• **Suceder.** "Todo sucede para bien. Sea lo que sea." Antonio Gala, *El manuscrito carmesí*, 1990.

- "Uno vive porque espera que le suceda algo que no sucede." Max Aub, *Diario (1939-1972)*, 1998.
- "Lo que, a pesar de suceder, porque tiene que suceder así, no deja de extrañar siempre que ocurre." Eugenio Noel, *Las siete Cucas*, 1927.

• **Sueño.** "El sueño es un depósito de objetos extraviados." Ramón Gómez de la Serna, *Greguerías*, 1979.

- "El sueño paraliza nuestra inteligencia y nuestro dominio, y deja en libre actividad nuestra memoria." Juan Ramón Jiménez, *Y para recordar por qué he venido*, 1990.
- "No, la vida no es sueño quizá; pero la historia sí; el más fantasmagórico y vano de los sueños." Eugenio d'Ors, *Las cien más bellas glosas de Eugenio d'Ors*, 1989.
- "Un sueño conseguido / su camino no podrá ser olvidado." Hanna G. C., *Eterna poesía*, 2017.

- "La vida es mucho mejor que nuestros sueños." Pablo d'Ors, ABC Cultura, 03/09/2014.
- "En la vida humana sólo unos pocos sueños se cumplen; la gran mayoría de los sueños se roncan." Enrique Jardiel Poncela, *Máximas mínimas*, 1937.

- **Suficiencia.** "Si hay un rasgo infalible para distinguir a un imbécil es la suficiencia." Antonio Muñoz Molina, *La vida por delante*, 2002.

- **Sufrir.** "El dolor nos da la medida de la vida. Si sufrimos, vivimos." Marta Portal, *A tientas y a ciegas*, 1966.
  - "Se sufre trágicamente, pero eso no significa hacerlo de manera desesperada y fatal." Antonio Buero Vallejo en Juan Ramón Iborra, *Confesionario*, 2001.
  - "Los corazones no duelen y pueden sufrir, hora tras hora, hasta toda una vida, sin que nadie sepamos nunca, demasiado a ciencia cierta, qué es lo que pasa." Camilo José Cela, *La colmena*, 1951.

- **Sumisiones.** "No hay libertad, originalidad. Vivir es adaptarse: adaptarse es dejar que el contorno material penetre en nosotros, nos desaloje de nosotros mismos. Adaptación es sumisión y renuncia." José Ortega y Gasset, *Meditaciones del Quijote*, 1914.

- **Superfluo.** "La proliferación de lo superfluo encubre la ausencia o dificultad de lo valioso…" Antonio Muñoz Molina, *La vida por delante*, 2002.

- **Supersticiones.** "La religión y la moral vieja gravitan todavía sobre uno…, no puede uno echar fuera completamente el hombre supersticioso que lleva en la sangre la idea del pecado." Pío Baroja, *El árbol de la ciencia*, 1911.

– "La mentira, el embuste, la falsedad, la superchería, la superstición, el fraude científicamente elaborado y administrado en los últimos tiempos, es quizá el alimento que nutre a las naciones…" Ezequiel Martínez Estrada, "Prólogo inútil", *Antología*, 1964

- **Supuestos.** "Nada se puede dar por supuesto, ni siquiera el próximo minuto de la vida." Antonio Muñoz Molina, *La vida por delante*, 2002.

- **Suspicacia.** "Uno de los males no por eternos menos angustiosamente actuales de nuestro mundo que tantos bienes tiene por gracia de Dios, es la suspicacia. La suspicacia, tal y como nosostros la padecemos, es una enfermedad casi desconocida en otras latitudes." César González Ruano, "Los suspicaces", ABC, 25/6/1958, *Obra periodística*, (1943-1965), II, 2003.

T

- **Tacto.** "El tacto es una vista ciega, sí, un oído sordo, un paladar mudo, un olfato negado. El tacto es el contacto directo del corazón con las corrientes secretas de un árbol…" Francisco Umbral, *Los cuadernos de Luis Vives*, 1996

- **Tarde.** "¿Por qué es tarde? ¿Para qué es tarde? ¿Qué empresa vamos a realizar que exige de nosotros esta rigurosa contabilidad de los minutos?" Azorín, *Confesiones de un pequeño filósofo*, 1902.
  – "Cuando se pueda. Nunca es tarde." Eugenio d'Ors, *Las cien más bellas glosas de Eugenio d'Ors*, 1989.

- **Tareas.** "Una peligrosa tentación consiste en reducir la vida a una especie de crónica de los sucesos y las tareas." Julián Marías, *Una vida presente*, 2008.

- **Tecnología.** "El problema de la tecnología es que, en sí, no tiene ética, y tanto puede usarse para matar como para curar." José María Carrascal, *El mundo visto a los 80 años*, 2014.
  - "Tecnología no es calidad de vida, desarrollo económico no es automáticamente bienestar." Luis Racionero, *Guía práctica para insatisfechos*, 1997.

- **Templo.** "...no se construya el templo sin tener antes la religión en marcha." Gregorio Marañón, *Obras completas*, III, 1972.

- **Tentaciones.** "La tentación es permanente para quien tiene acceso a la caja." Aurelio Arteta, Entrevista, El Español, 27 marzo, 2016.

- **Terapias.** "Las demás terapias consisten en introducir drogas de las que se sabe poco en un cuerpo del que apenas se sabe nada." Fernando Savater, *El jardín de las dudas*, 1993.

- **Testigo.** "Dentro de nosotros hay un testigo." Pablo D'Ors, *Biografía del silencio*, 2012.

- **Tiranía.** "La tiranía de las ideas y de masas es para mí la más repulsiva." Pío Baroja, *Aurora roja*, 2011.

- **Tonterías.** "La tontería universal no tiene remedio." Pío Baroja, *Desde la última vuelta del camino*, II, 2006.
  - "Si no se puede salvar la tontería de una vida, su círculo vicioso y cerrado, se debe hacer algo por merecer de vez en cuando las indulgencias plenarias." Ramón Gómez de la Serna, *Pombo*, 1960.

- "El tiempo es, según algunos graves filósofos, el cañamazo en donde bordamos las tonterías de nuestra vida." Pío Baroja, *La busca,* 1904.

- **Torpeza.** "Uno anda a remolque de la torpeza. Somos unos pobres artesanos. Habríamos de ser ángeles para divertirnos trabajando." Antonio Mingote en Salvador Jiménez, *Españoles de hoy,* 1966.
  - "No hay torpeza de la cual no quepa extraer alguna útil enseñanza." Santiago Ramón y Cajal, *Recuerdos de mi vida,* 2006. [Publicado en 1901.]

- **Trabajo.** "¡Trabajo!... Muy sencillo: que trabajen algo los que nunca trabajaron, y trabajen un poco menos los que trabajaron siempre." Concha Espina, Entrevistada por Francisco Lucientes, El Sol, 15/11/1931.
  - "Cabría afirmar que el trabajo sustituye al talento, o mejor dicho, crea el talento." Santiago Ramón y Cajal, *Los tónicos de la voluntad,* 1912.
  - "En España, en general, no se paga el trabajo, sino la sumisión. Yo quisiera vivir del trabajo, no del favor." Pío Baroja, *El árbol de la ciencia,* 1911.
  - "El trabajo ha tenido, por lo común, mala prensa." Camilo José Cela, *Cuatro figuras del 98 y otros retratos y ensayos españoles,* 1961.

- **Tragedia.** "La vida es muchas veces una comedia, pero también es una tragedia muchas veces. Y otras una farsa." Antonio Buero Vallejo en Juan Ramón Iborra, *Confesionario,* 2001.

- **Tranquilidad.** "La simplicidad, bien llevada, implica comodidad, tranquilidad y facilidad de comprensión." Álex Rovira, "El lujo de lo esencial", El País, 19 marzo, 2006.

- **Tristeza.** "La tristeza por la pérdida de un ser querido es normal, un duelo interminable puede no serlo." José Antonio Marina, *Memorias de un investigador privado*, 2003.

    - • "...los días tristes se viven muy despacio y los días felices pasan velozmente." Enrique Jardiel Poncela, *A la luz del ventanal*, en *Obras completas, 1*, 1973.

    - "Todo esto me tiene triste y abatido. Pero de esta tristeza y de este abatimiento sacaré fuerzas para luchar." Miguel de Unamuno, *Unamuno-Maragall, Epistolario...* 1971.

    - "Se puede tener una capacidad muy grande de sentir alegría. Pero muchas veces va acompañada de una capacidad muy grande de sentir tristeza." Antonio Muñoz Molina en Juan Ramón Iborra, *Confesionario*, 2001.

    - "Mas no hablemos de cosas tristes. ¡A qué rememorar dolores cuyo lenitivo sólo está en el olvido!" Santiago Ramón y Cajal, *Recuerdos de mi vida*, 2006. [Publicado en 1901. *Lenitivo*: alivio.]

    - "Rechacemos la tristeza, madre de la inacción." Santiago Ramón y Cajal, *Recuerdos de mi vida*, 2006

- **Triunfos.** "En realidad, yo no he alcanzado triunfos más que sobre mí mismo: dominándome, fortaleciéndome espiritualmente." José Francos Rodríguez, en José López Pinillos, *Cómo se conquista la notoriedad*, 1920.

    - "En los triunfos anida siempre el cauteloso germen de la derrota." Camilo José Cela, *Cuatro figuras del 98 y otros retratos y ensayos españoles*, 1961.

– "Cuando percibas los aplausos del triunfo, que suenen también en tus oídos las risas que provocaste con tus fracasos." José María Escrivá de Balaguer, *Camino*, 1965.

– "Si el triunfo era una ilusión, el fracaso tenía, en cambio, la solidez irrefutable y antipática de las evidencias." Antonio Muñoz Molina, *La vida por delante*, 2002.

U

- **Urbanidad.** "...con la modernización de las costumbres, ahora no hay manera de que le contesten a uno ni las buenas tardes, y, si se trata de aventurar que el tiempo está fresquito, se le mira como si estuviese invadiendo la intimidad de los cuerpos y las almas." José Jiménez Lozano, *Los cuadernos de la letra pequeña*, 2003.

  – "...empecé hablando de algo tan alejado de nuestra sociedad como es la urbanidad, la cortesía y las buenas maneras, cosas, todas ésas, que para muchos de nuestros jóvenes son tan lejanas como la guerra de las Termópilas o las guerras púnicas." Carlos Fisas, *Historias de la Historia*, 1983.

  – "La puntualidad, la urbanidad, un cierto sentido de la discreción hace más llevadera la vida familiar…" Álvaro Pombo, *Una ventana al norte*, 2004.

  – "Tal vez habría que resucitar aquella vieja asignatura de Urbanidad, que era el compendio de los modales necesarios para vivir en la urbe, en la ciudad, para ser ciudadano." José Antonio Marina, *Memorias de un investigador privado*, 2003.

V

- **Valiente.** "El verdadero valiente es el que lucha por la vida." J.J. Benítez, *La otra orilla*, 2000.

  - "Hay que ser muy valiente para pedir ayuda, ¿Sabes? Pero hay que ser todavía más valiente para aceptarla." Almudena Grandes, *Los besos en el pan*, 2015.

- **Vanidad.** "La vanidad es la única cosecha que recoge, a veces, ese pobre sembrador de palabras que es el escritor." Jaime Campmany, *Doy mi palabra*, 1997.

  - "No hablo desde una trabajosa modestia, claro, sino desde la vanidad que pretende superfluamente justificarse." Fernando Savater, *Mira por donde, autobiografía razonada*, 2003.

  - "La vanidad y el narcisismo son la arteriosclerosis del periodismo." Raúl del Pozo, Entrevista en Jot Down, El Mundo, 1 mayo, 2014.

  - "El hombre no es solamente verdad, belleza y bien, como nos gustaría ser, sino que somos también codicia, ambición y vanidad: codicia en el tener, ambición en el poder y vanidad en el aparecer." Pablo d'Ors, ABC Cultura, 03/09/2014.

- **Vencedor.** "El vencedor tiene siempre razón." María de Maeztu, *Antología siglo XX, prosistas españoles*, 1943.
  - "Hay vencedores que no pueden ocultar el sonrojo de haber sido vencidos por su permanente miedo a que se les eche en cara los medios y maneras con que han conseguido su sucia victoria." Pablo Castellano, *Yo sí me acuerdo*, 1994.

- **Vencidos.** "Lo último que se puede hacer en la vida es darse por vencido." Manuel Ferrán, *Con la noche a cuestas*, 1968.

- **Ventura.** "El sendero nos lo hacemos con los pies según caminamos a la ventura." Miguel de Unamuno, *Niebla*, 1914.

- **Ver claro.** "Hay circunstancias en que para ver claro el mundo es necesaria una cierta lejanía entre él y nosotros; hay problemas que no nos darán su secreto si no dejamos entre ellos y nosotros un tiempo y una distancia." Victoria Kent, *Cuatro años en París, 1940-1944*, 2007.

- "Si uno se empeña no sólo en no ver claro, sino en seguir no viendo claro jamás, hasta lo más luminoso, le parecerá impenetrable." José Ferrater Mora, *Mariposas y supercuerdas*, 1994.

- **Verdadero.** "Lo verdadero (amor, poesía, creencia, amistad, religión, arte) no admite reverencia." Juan Ramón Jiménez, *Y para recordar por qué he venido*, 1990

- **Vestir.** "Y es que hubo un tiempo en que la gente se vestía de acuerdo con su físico y personalidad; según gustos, educación y cosas así. Ahora, la educación, los gustos, la personalidad y hasta el aspecto físico, vienen dictados por la moda comercial y las revistas y las series de televisión." Arturo Pérez-Reverte, *Con ánimo de ofender, (1998-2001)*, 2001.

- **Viajes.** "No hay mejor viaje que la lectura." César Antonio Molina, "Memorias de ficción", elmundo.es, 31/12/2007.

- **Víctimas.** "El tiempo y la indiferencia siempre actúan a favor de los verdugos y en contra de las víctimas." Antonio Muñoz Molina en Juan Ramón Iborra, *Confesionario*, 2001.

  - "Las víctimas son tan propensas al recuerdo incesante como los verdugos a la amnesia." Antonio Muñoz Molina, "La conmemoriaciones", El País, 22 diciembre, 2017.

- **Viejos.** "El tiempo tiene un ritmo distinto para los jóvenes y para los viejos." Julio Llamazares, *El río del olvido*, 1990.

  - "A los viejos se nos niega la épica tanto como la lírica." Antonio Gala, *El manuscrito carmesí*, 1990.

  - "Si un niño te dice viejo, eres viejo; si una mujer te dice joven, eres viejo; si tú te dices viejo, eres viejo." Juan Ramón Jiménez, *Y para recordar por qué he venido*, 1990.

  - "Cuando alguien me ha hablado de un familiar anciano diciendo que ya no le importaban nada las travesuras del nieto o lo que traía el periódico, tenía la sensación, siempre confirmada poco después, de que aquella indiferencia era una forma de despedirse de la vida." Fernando Díaz Plaja, *El viaje de mi vida*, 1999.

- **Violencia.** "No he justificado ni justificaré jamás la violencia (llámala, si prefieres, terrorismo), venga de donde venga y vaya donde vaya." Fernando Sánchez Dragó, *Libertad, fraternidad, desigualdad*, 2007.

  - "Sé muy bien que a la historia pertenecen esencialmente el drama, la violencia, la corrupción y la desmesura…" Pedro Laín Entralgo, *Descargo de conciencia (1930-1960)*, 1976.

- "No hay violencia admisible: ni aun la violencia puesta al servicio de la *causa justa*, concepto que el ser humano pueda creer pero no precisar." Camilo José Cela, *Cuatro figuras del 98 y otros retratos y ensayos españoles*, 1961.

- "El culto a la violencia y al sufrimiento es posible que engendre seres humanos más orientados hacia la desgracia que hacia la felicidad." José M. Rodríguez Delgado, *La felicidad*, 1988.

- "…si los indios predican la no violencia es porque, en el fondo, son enormemente violentos. (Casi un millón de personas fueron asesinadas, en el norte de la India, en 1947, a raíz del enfrentamiento entre hindúes y musulmanes." Salvador Pániker, *Primer testamento*, 1985.

• **Vitalidad.** "Las decadencias consisten siempre en una cesión, una dimisión, un abandono. Representan una crisis de la vitalidad." Julián Marías, *La fuerza de la razón*, 2005.

  - "Todo lo vital es irracional, y todo lo racional es antivital, porque la razón es esencialmente escéptica." Miguel de Unamuno, *Del sentimiento trágico de la vida*, 1913.

• **Vocación.** "La vocación es aquello que haríamos sin que nos pagaran." José María Carrascal, *Todavía puedo*, 2018.

• **Volver atrás.** "Más vale volver atrás que perderse en el camino." Marta Portal, *A tientas y a ciegas*, 1966.

- **Zozobra.** "Todo en nuestra vida depende de un hilo, es pura zozobra y azar." Enrique Vila-Matas, *El traje de los domingos,* 1995.

Patrocinio

Este libro está patrocinado por el blog bilingüe inglés y castellano del autor Delfín Carbonell.

"La lengua inglesa de Delfín Carbonell" es un blog para el aprendizaje paralelo de los idiomas castellano e inglés, con entradas cortas y relevantes, donde se hace hincapié en cuestiones prácticas que no se enseñan en el aula. Abarca gramática, fonética, cultura, historia, usos y costumbres de los mundos anglosajón e hispánico.

Comenzó en el 2010 con la seriedad que le caracteriza y por eso tiene muchas visitas a diario de todo el mundo.

Web: **delfincarbonellingles.blogspot.com**
E-mail: **delfincarbonell@gmail.com**

Autores para la formación

Editatum y **GuíaBurros** te acercan a tus autores favoritos para ofrecerte el servicio de formación GuíaBurros.

Charlas, conferencias y cursos muy prácticos para eventos y formaciones de tu organización.

Autores de referencia, con buena capacidad de comunicación, sentido del humor y destreza para sorprender al auditorio con prácticos análisis, consejos y enfoques que saben imprimir en cada una de sus ponencias.

Conferencias, charlas y cursos que representan un entretenido proceso de aprendizaje vinculado a las más variadas temáticas y disciplinas, destinadas a satisfacer cualquier inquietud por aprender.

Consulta nuestra amplia propuesta en **www.editatumconferencias.com** y organiza eventos de interés para tus asistentes con los mejores profesionales de cada materia.

Nuestras colecciones

 Guías para todos aquellos que deseen ampliar sus conocimientos sobre asuntos específicos, grandes personajes, épocas, culturas, religiones, etc., ofreciendo al lector una amplia y rica visión de cada una de las temáticas, accesibles a todos los lectores.

 Guías para gestionar con éxito un negocio, vender un producto, servicio o causa o emprender. Pautas para dirigir un equipo de trabajo, crear una campaña de marketing o ejercer un estilo adecuado de liderazgo, etc.

 Guías para optimizar la tecnología, aprender a escribir un blog de calidad, sacarle el máximo partido a tu móvil. Orientaciones para un buen posicionamiento SEO, para cautivar desde Facebook, Twitter, Instagram, etc.

 Guías para crecer. Cómo crear un blog de calidad, conseguir un ascenso o desarrollar tus habilidades de comunicación. Herramientas para mantenerte motivado, enseñarte a decir NO o descubrirte las claves del éxito, etc.

 Guías prácticas dirigidas a la salud y el bienestar. Cómo gestionar mejor tu tiempo, aprenderás a desconectar o adelgazar comiendo en la oficina. Estrategias para mantenerte joven, ofrecer tu mejor imagen y preservar tu salud física y mental, etc.

 Guías prácticas para la vida doméstica. Consejos para evitar el cyberbulling, crear un huerto urbano o gestionar tus emociones. Orientaciones para decorar reciclando, cocinar para eventos o mantener entretenido a tu hijo, etc.

 Guías prácticas dirigidas a todas aquellas actividades que no son trabajo ni tareas domésticas esenciales. Juegos, viajes, en definitiva, hobbies que nos hacen disfrutar de nuestro tiempo libre.

 Guías para aprender o perfeccionar nuestra técnica en deportes o actividades físicas escritas por los mejores profesionales de la forma más instructiva y sencilla posible,

EDITATUM

Libros para crecer

www.editatum.com

Las mejores citas

- "El hombre necesita recobrar el equilibrio de su alma." Vicente Ferrer.

- "Lo peor de la ambición es que no sabe bien lo que quiere." Ramón Gómez de la Serna.

- "En el pasado hay frustración y en el futuro, angustia; la alegría es presente." Álex Rovira.

- "Nada cansa tanto como la pena." Javier Marías.

- "La cólera es una piedra lanzada contra un nido de avispas." J.J. Benítez.

- "Hay gente que solo se comunica peleando." Adolfo Marsillach.

- "Lo relevante es convivir en paz desde las diferencias." Salvador Pániker.

- "Meditar es sumergirse en la realidad y darse un baño de ser." Pablo d'Ors.

- "El lavado de cerebro es la máxima invasión de la privacidad." Eduardo Punset.

- "No hay buen viento para quien no sabe dónde va." José Antonio Marina.

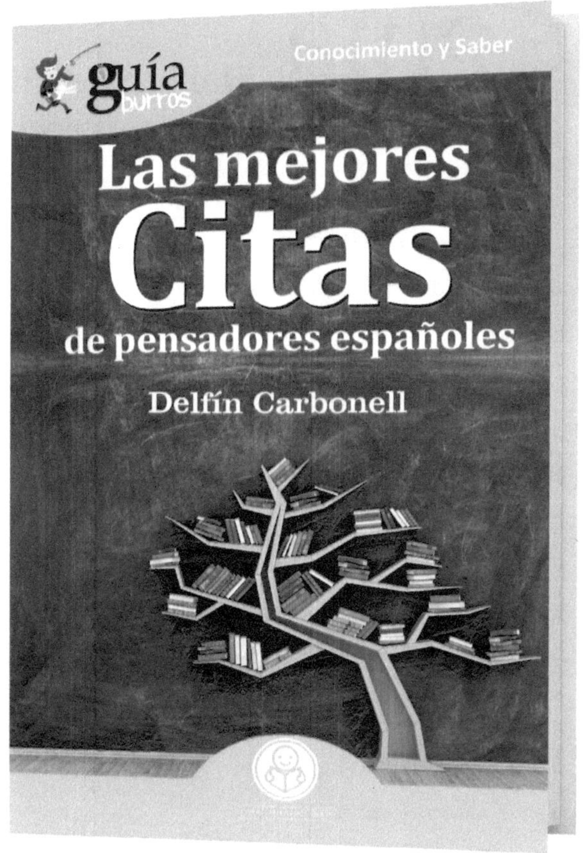

GuíaBurros Las mejores citas, de pensadores españoles, un recorrido documentado por las mejores citas de pensadores españoles.

+INFO

http://www.lasmejorescitas.guiaburros.es

Hablar y escribir con corrección

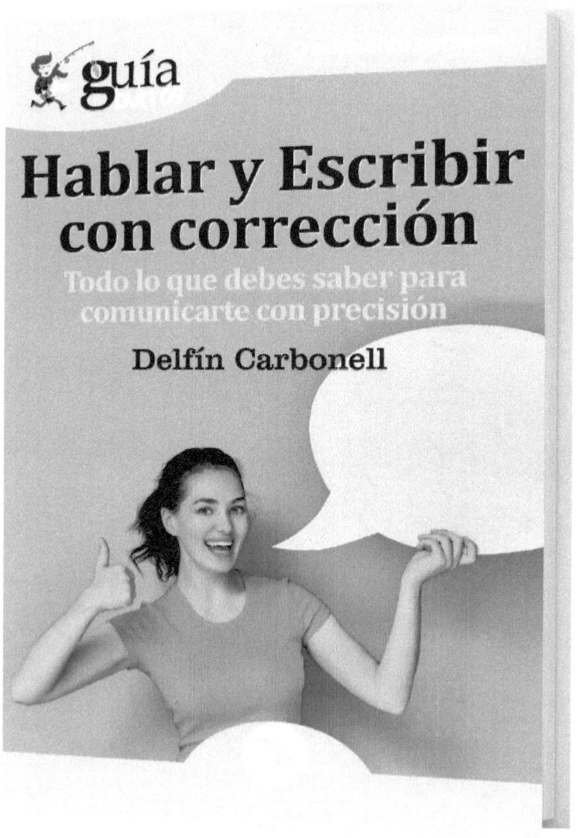

GuíaBurros Hablar y escribir con corrección es una guía básica con todo lo que debes saber para comunicarte con precisión

+INFO

http://www.hablaryescribir.guiaburros.es